RUDOLF SEITZ

Schöpferische Pausen

Besinnen - Genießen

Da sein

RUDOLF SEITZ

Schöpferische Pausen

BESINNEN

GENIESSEN

DA SEIN

Kösel

Dieses Buch erschien unter demselben Titel zuerst 1993 im Kösel-Verlag, München. Die hier vorliegende Ausgabe wurde überarbeitet.

Druck und Bindung: Kösel, Kempten
Umschlag: Kaselow Design, München, unter Verwendung eines Fotos von Rudolf Seitz, München
Fotos: Rudolf Seitz; Seite 151: Marielle Seitz
ISBN 3-466-30565-9

Gedruckt auf umweltfreundlich hergestelltem Werkdruckpapier (säurefrei und chlorfrei gebleicht)

INHALT

DA SEIN 41

SPÜREN 59

MACHEN 77

BETRACHTEN 143

VORWORT

»Führe mich auf einen hohen Felsen
und schaffe mir Ruhe ...«

Psalm 61

Es freut mich wirklich sehr, wie viele Leserinnen und Leser dieses Buch bisher gelesen haben. Viele von ihnen baten darum, es doch in einem größeren Format zu drucken. Nach der 4. Auflage kommt der Verlag nunmehr diesem Wunsche nach. Ich bin froh darüber, weil es mir Gelegenheit bietet, einige neue Geschichten und zum Teil auch andere Fotos einzufügen. Dafür bin ich dankbar.

Danken möchte ich aber vor allem den vielen Leserinnen und Lesern, die das Buch so positiv aufgenommen haben, und für die vielen, teilweise sehr langen Briefe, die sie mir schrieben. Viele haben mich sehr berührt, begegnete ich doch sozusagen »Verwandten«, die Ähnliches erlebt hatten oder auch in dieser Richtung dachten.

Für viele traf es zu, dass auch sie ein Missbehagen darüber empfanden, wie sie im Augenblick ihr Leben führten oder zu führen gezwungen waren. Auch sie waren unzufrieden darüber, dass sie zu wenig Widerstand leisteten bei der Verplanung durch ihre Umwelt. Man hält sich wohl zu leicht für unentbehrlich.

Mir geht es jedenfalls leider immer noch so.

Das führt dann zu allen Symptomen, die das moderne Leben für unsereinen vorgesehen hat: »Burnout« und »Überlastungssyndrom«.

Zugegebenermaßen ist vieles besser geworden, seit ich nachdenke über Pausen und Unterbrechungen, die mir helfen, Atem zu holen, und die

Voraussetzung dafür sind, die Sinnfrage zu stellen und manches anders zu machen. Die Aufgabe aber bleibt.

Das Buch beschreibt viele kleine Situationen und Wege, die jedem möglich sein könnten, der sich in ähnlicher Lage wähnt. Es ist aber auch im Sinne von Wilhelm Busch gemeint: »Spare deine weisen Lehren für den eigenen Genuss!« Es sind Wege, kleine Pfade. Über die großen Damaskusstunden, die großen lebensverändernden Reisen, das Aussteigen und Neuanfangen auf der fernen Insel wird man nichts finden. Ich habe diese Erfahrung nicht.

Was ich beschrieben habe, kenne ich oder versuchte ich kennen zu lernen.

Es fiel mir sehr schwer, in der Ichform zu schreiben. Um überhaupt Ruhe zum Denken und Schreiben zu finden, durfte ich die Gastfreundschaft der Benediktiner-Mönche von St. Ottilien in Anspruch nehmen. Ich habe in dieser Zeit sehr viel gelernt.

Vor rund 40 Jahren war ich hier als junger Lehrer tätig. Ich bekam das Zimmer wieder, in dem ich damals wohnte. Mir fiel schlagartig ein, wie alle mich damals nannten: Rul. Man möge mir verzeihen, dass er zur Hauptperson des Buches wurde. Ich konnte so seine/meine Wege etwas distanzierter beschreiben.

Das Ganze sollte Mut machen, auch selbst einmal zu unterbrechen, eine Pause einzulegen, sich zu entspannen, zu erholen und sich zu neuen Ideen inspirieren zu lassen.

Im Grunde habe ich das Buch für viele andere, aber auch »gegen« mich geschrieben. Ein lieber Arzt schrieb mir auf ein Rezept: »Schöpferische Pausen kaufen, lesen und befolgen«. Recht hat er. Bei der Überarbeitung habe ich es wieder gründlich gelesen und stecke nunmehr voll guter Vorsätze. Hoffentlich komme ich diesmal noch ein Stück weiter.

Den lieben Leserinnen und Lesern wünsche ich viel Erfolg beim Widerstand für sich selber.

Auf viele, schöne, erfolgreiche schöpferische Pausen!

Rudolf Seitz

AUF-HÖREN

Gründlich satt

Rul hatte gerade alles gründlich satt. Es war wie nach einem 1000-Meter-Lauf. Kaum im Ziel, noch bevor man ausschnaufen konnte, ging es schon wieder weiter. Langsam verschwomm das Ziel vor den Augen. In der Früh ging er ins Büro, alles war geplant und zurechtgelegt - der erste Anruf brachte schon alles durcheinander.

Abends, viel zu spät, fragte er sich, was er eigentlich getan hatte. 100 Leute hatte er gesprochen, hatte telefoniert, geschrieben, an Sitzungen teilgenommen, oder er hatte sie geleitet, er war erschöpft und müde, aber was in Gottes Namen hatte er eigentlich getan? Natürlich gab es viele Begründungen, warum das alles so wichtig war, warum das alles so schnell gehen musste, wie verantwortungsvoll dieses und jenes sei. Und dass er das alles so gut mache ...

Aber stimmte das auch?

Rul dachte an George Bernard Shaw: »Wer glaubt, dass er ohne die anderen auskommen könne, der täuscht sich. Wer glaubt, dass die anderen ohne ihn nicht auskommen können, der täuscht sich noch mehr.«

Es stimmte vermutlich nicht.

Aber irgendwie wurde alles immer mehr, die Arbeit, das Tempo, die Verantwortung.

Zu Hause war er dann müde. Die Familie wartete auf ihn. Endlich war er da. Endlich konnte man etwas unternehmen.

Rul mühte sich redlich. Die Zeit wurde immer kürzer. Es gab kein Ausweichen.

Dabei konnte seine Frau von ihrer Seite eine ähnliche Geschichte erzählen; oder die Tochter; oder der Sohn. Vermutlich sogar der Hund.

Also versuchte Rul seine Zeitplanung zu korrigieren. Das war leicht gesagt. Die Arbeit, die Ansprüche, das Tempo, die Verantwortung blieben.

»Der Tag hat 24 Stunden. Wenn er nicht reicht, verwende man die Nacht!«

So sah es dann aus. Freizeit gab es nicht mehr. Die Nächte schrumpften, bis es nicht mehr ging.

Rul wurde unzufrieden.

So hatte er sich das alles doch nicht vorgestellt.

»Du siehst schlecht aus!«, sagten die anderen.

»Du arbeitest zu viel«, meinten sie.

»Du darfst nicht so viel annehmen«, hörte Rul von allen Seiten. (Allerdings: Ihre Probleme seien natürlich schon wichtig und eilig obendrein.)

»Du musst ausspannen.«

»Du musst eine Pause machen.«

Gute Ratschläge unterhalten am besten den, der sie gibt, fand Rul. Aber so konnte es nicht weitergehen.

Rul hatte gerade alles gründlich satt. Er beschloss, zumindest nachzudenken über die Pause.

Vielleicht fand er noch Lücken, Nischen, kleine Fluchten oder auch handfeste Möglichkeiten auszubrechen, zu unterbrechen und dann neu und besser anzufangen.

Nichtstun

Rul wollte nichts tun, einfach dasitzen und faul sein. Da begann schon das Problem. Wo sollte er sich hinsetzen? Er versuchte es auf seinem normalen Stuhl. Irgendwie saß er zu hoch, er musste sich ganz aufrecht halten, den Rücken fest entlang der Lehne. Das war entschieden zu steif. Wenn er das Gewicht nach vorne verlagerte und die Ellenbogen auf den Tisch stützte, so war zwar ein raffiniertes Stützsystem entstanden, doch verspannte sich sein Nacken, und irgendwie wurde es um den Magen zu eng. Zudem erinnerte Rul die Haltung zu sehr an jenen gewohnten Schreibtisch. Dieser Gedanke war nun aber genau das Gegenteil von Nichtstun. Rul verzichtete auf den Stuhl. Er setzte sich auf den Boden. Sehr viele Menschen können das sehr gut. Rul nicht. Er versuchte es im Schneidersitz. Seine Beine bildeten ein verschränktes Gestell, aus dem der Oberkörper hervorwuchs. So ließ sich gut atmen, aber wohin mit den Händen? Bevor nun die verschiedenen Handstellungen Gautama Buddhas ausprobiert werden konnten, schmerzten die Hüftknochen. Der Schmerz irritierte Rul. Er hatte sich das einfacher vorgestellt.

Er hätte ja einfach ins Bett gehen können, doch das wäre zu simpel gewesen.

Rul erinnerte sich an die Beschreibungen antiker Gelage. Das war vielleicht der Kompromiss. Accubare - bei Tisch liegen. Seitlich aufgestützt, die Beine leicht angewinkelt nach der Seite weggestreckt, war nicht unbequem, setzte aber wohl doch das Theater eines umfänglichen, lukullischen Mahls voraus und sehr viele Kissen.

Rul besetzte den alten Ohrenbackensessel, den eben seine Frau freigegeben hatte. Er versank etwas.

Man sollte dem Erfinder des Ohrenbackenstuhls ein Denkmal setzen. Er hat es verdient. Vielleicht ist Denkmal nicht das richtige Wort. Rul wollte ja eben einmal *nicht* denken, nur so sitzen, dasitzen, alle fünf gerade sein lassen und nichts tun.

Als wenn sich alle Gedanken der Welt gegen ihn verschworen hätten, stürmten sie auf ihn ein, von allen Seiten, aus jeder Höhe, in jede Tiefe.

Rul wehrte sich nach Kräften. Er wollte einfach nicht denken. Er wollte seine Ruhe haben. Wie in einem Strudel wirbelte es ihn herum. *Das* hätte er erledigen sollen, *den* hat er nicht angerufen, *die* Tagesordnung ist noch nicht fertig, der Ausflug muss vorbereitet, die Sommerreifen müssen aufgezogen werden.

Sollte er nicht lieber Zeitung lesen oder Klavier spielen?

Nein, dachte Rul und dachte darüber nach, warum er wohl immer dachte.

Er gab die Gegenwehr auf. Seine Abwehrkräfte ermatteten. Der Strudel zog ihn nach unten. Er wurde schwächer. Plötzlich gab er ihn frei.

Rul konnte freier denken. Wie Haufenwolken zogen die Gedanken durch seinen Kopf, vielgestaltig, aber ruhig. Rul gefiel das. Es war ein Denkfilm, ein Gedankenkino. Irgendwie schien alles geordneter, seit er sich geöffnet hatte. Das Wetter klarte auf. Die Bewölkung ließ nach. Ein blauer Schönwetterhimmel zeigte sich.

Rul hatte jetzt Zeit zu spüren, wie er nichts dachte. Nun sprach sein Körper mit ihm. Es kribbelte, juckte, ein Fuß drohte einzuschlafen.

Rul lernte, dass es anstrengend ist, sich ruhig zu halten, wenn man vorhat, sich ruhig zu halten. Sobald er an einer Stelle ein Kribbeln spürte, wurde es zu einem gigantischen Gefühl. Es übertönte alles. Es schien selbstständig zu werden.

Rul wusste, dass man durch Denken so ein Kribbeln umlagern konnte, sozusagen aufs Knie oder auf den Ellenbogen transportieren. Er versuchte es. Ganz glückte es nicht, weil sich viele Kribbelstellen auftaten. Es wurde eine Epidemie. Hoffnungslos.

»Rul, könntest du mir einmal helfen?«, tönte es da aus der Küche. Rul wehrte sich. »Wieso, du tust doch nichts.« Stimmt, Rul tat nichts. Aber das war es ja.

Rul stellte fest, dass es auch ihn sehr provozierte, wenn jemand nichts tat, so einfach nichts tat. Eine Kapitelüberschrift in einem Buch fiel ihm ein: »Aushalten können, wenn ein Kind einmal nichts tut.« Aushalten können!

Einfach ist das nicht, ganz offensichtlich.

Rul wollte aufspringen und wieder aktiv werden. Aber ihm fiel das Sitzenbleiben nicht so schwer. Er hatte es sich ja vorgenommen.

Die Familie wollte, dass er aufspringt. So war sie ihn gewöhnt - in action.

Der Hund schlug Rul mit der Pfote aufs Knie, um deutlich darauf hinzuweisen, dass er wenigstens mit ihm Gassi gehen könnte, wenn er schon so faul herumhing.

Rul beschloss, das Sitzen zu üben.

Und er nahm sich vor, über das Nichtstun noch weiter nachzudenken. Und über Pascal, der meinte: »Wenn ich die Kraft dazu hätte, würde ich gar nichts tun.«

Pause

Rul war gründlich. Er wollte wissen, was eine Pause war. Das heißt, er wusste natürlich, was eine Pause war. Er wollte wissen, was das Wort bedeutete.

Er schlug in verschiedenen Lexika nach und erfuhr, dass das Wort aus dem Lateinischen und ursprünglich aus dem Griechischen kam, im Mittelalter sogar zur Pose und Posse werden konnte, sich aber in der ursprünglichen Wortbedeutung hielt:

– Unterbrechen
– Entspannen
– Erholen

Rul las die drei Worte mehrfach. Sie zergingen auf der Zunge. Das war es, was er wollte. Er wollte einfach einmal unterbrechen, aufhören, Schluss machen mit dem geliebten Wahnsinn, wollte endlich dem Stress, der Hektik, dem Übertempo entkommen, das heißt, er wollte sich entspannen und schließlich erholen.

Sein Wunschtraum war, dabei Dinge zu tun, die er gern tat, die er gerne einmal gemacht hätte, vielleicht auch Ungewöhnliches, Ungewohntes. Er wollte auch seine Fantasie bemühen.

Das war dann wohl die »schöpferische Pause«. Rul war gezwungen, das zu vermuten. Über diesen Begriff schwiegen sich nämlich fast alle Lexika aus. Rul fand das verdächtig.

Jedenfalls hatte er jetzt ein Programm:

– Unterbrechen
– Entspannen
– Erholen
– Fantasie einschalten

BESINNEN

Man selbst

Wenn Rul am Morgen in den Spiegel blickte, lächelte er sich manchmal an und zwinkerte mit einem Auge. »Bist du wieder da, alter Haudegen.«

Er konnte sich etwas Hübscheres vorstellen, was ihn da hätte anblicken können, groß, schlank, sportlich, blauäugig, blondlockig usw.

Das war er aber nicht. Damit konnte er nicht dienen. Früher hatte ihm das mehr ausgemacht, dass sein Wunschbild von sich und die Realität so unübersehbar auseinander lagen. Er war überhaupt empfindlicher gewesen in dem ganzen Rollengeflecht, in das er eingebunden war. Er selbst hatte eine Vorstellung, wie er gerne gewirkt hätte. Die anderen meinten genau zu wissen, wie er wirken durfte. Die beiden Perspektiven tarierten sich aus. Rul versuchte dieses Gleichgewicht nicht zu gefährden, versuchte das Bild, das die anderen von ihm hatten, weitgehend einzulösen, um es nicht zu gefährden.

Kurz, Rul hatte Angst vor Blamage.

Das Wörtchen »man« hatte er als Autorität erkannt. Man kann doch als Mann nicht ..., man kann doch nicht in dieser Position ..., nicht in diesem Alter ...

Sehr zu denken gaben ihm aber dann Mitmenschen, die sich selbst nicht mögen, die missmutig und abwertend von sich sprachen, nicht um Komplimente hintenherum zu ergattern, sondern aus Überzeugung. Sie brachten es fertig, in drei Sätzen fünf schlechte Dinge über sich zu sagen.

Wie kann ein Wagen in Schwung kommen, sagte sich Rul, wenn man vor dem Start die Handbremse anzieht? Ihm wurde klar, dass er wenigstens

zu sich halten musste. Natürlich ärgerte er sich oft über sich, wunderte sich, amüsierte sich manchmal und musste manches kräftig ändern, selbstverständlich, aber doch auf der Basis einer gediegenen Selbstwertschätzung.

Er begann sich anders zu sehen. Er hatte nur sich in diesem Spiel. Er konnte nur sich selbst doubeln, er war sozusagen sein eigener Stuntman.

Das konnte nur gelingen, wenn er sich selbst annahm. Das versuchte er jetzt. Bei vielen Rückschlägen wurde es durch Üben leichter.

Er spürte dabei, dass er sich nur auf diesem Fundament entspannen konnte. Die Verkrampfung löste sich.

Er las sich gerne ein Gedicht seines Freundes Jürgen Spohn vor und lächelte sich im Spiegel an:

ICH

Ich stehe
manchmal
neben mir
und sage
freundlich
DU zu mir
und sag
DU bist
ein Exemplar
wie keines
jemals
vor dir war
DU bist
der Stern
der Sterne
Das hör ich
nämlich gerne

Wahrnehmen

Komisch war das schon mit der Wahrnehmung, fand Rul. Es gab Tage, da nahm er gar nichts wahr. Höchstens, dass da etwas auf dem Boden stand, über das er nicht stolpern sollte, dass die Ampel auf Grün stand (sah er es wirklich? Wie oft lief er auch los, wenn jemand zu früh startete ...), dass da eine Treppe war usw.

Überlebensfakten.

Er sah nicht den Himmel, er wusste nicht, wie die Leute aussahen, die ihm entgegenkamen, nichts hatte er wirklich wahrgenommen.

An solchen Tagen aß er und wusste nicht, was, nicht, wie es wirklich schmeckte.

Gerüche gelangten über seine Nase nur dann ins Gehirn, wenn sie penetrant waren.

Seine Ohren nahmen nur einen allgemeinen Geräuschpegel auf.

Und sein Tastsinn? Den hatte er schon lange an die Augen abgegeben. Er begriff nichts mehr. Auf Grund seiner Erfahrung glaubte er zu wissen, wie sich etwas anfühlte. Wie geradezu entsetzt war er, als in einem Museum an einem Objekt der Text stand »Bitte berühren«.

Was war an solchen Tagen nur los? Die Sinne waren nach innen gestülpt, umgedreht, nicht aktionsbereit. Es waren die Tage der Hetze, der stromlinienförmigen Zielstrebigkeit, der Probleme, der Prüfungen, der Auseinandersetzungen, des Ärgers.

Diese unmenschliche Liste könnte jeder für sich so verlängern.

Die Energie wird anders gebraucht. Für mehr reicht die Batterie nicht aus.

Dabei weiß jeder, wie schön es ist, wenn die Sinne offen sind.

Rul erinnerte sich an unzählige Erlebnisse voller Staunen, offen bis in jede Pore. Aha-Erlebnisse waren das. Als wenn er in einem stickigen Raum das Fenster geöffnet hätte und er mit tiefen Zügen die frische Luft einsog.

Im Urlaub, mit viel Zeit, ging er mit seiner Frau spazieren. Man zeigte sich Beobachtungen, roch die Erde, die Blumen, streichelte über Plastiken, über Steine, hörte die vielen besonderen Geräusche des Ortes und war einfach ganz Auge und Ohr.

Eigentlich war man glücklich. Man war ganz da, präsent, spürte sich als Partner und meinte, unbegrenzt aufnehmen zu können.

Rul wusste, dass es zum Weiter-, Hinkommen, auch zum Durchkommen ausreichte, die Ampel und die Treppe zu beachten. Er musste nicht wissen, welchen Gesichtsausdruck die Dame in der S-Bahn gegenüber hat, welche Augen- und Haarfarbe, welche Kleidung. Das waren Informationen, die er nicht brauchte. Aber - sie machten ihm Spaß, bereiteten ihm Lust. Sie waren Luxus, es waren Luxusinformationen. Rul entschloss sich, in Zukunft luxuriöser zu leben.

Die Scholastiker fielen ihm ein:

> Nil est in intellectu,
> quod non antea fuerit in sensu.
>
> Nichts ist im Verstande,
> was nicht vorher in den Sinnen
> gewesen wäre.

Lin Yutang sagte ganz einfach:

»Das menschliche Glück ist von sinnlicher Art.«

Vielleicht würde Rul nicht nur luxuriöser, sondern sogar sinnlicher und damit glücklicher leben?

So zog Rul aus, die Wahrnehmung zu lernen. Seit er sich entschlossen hatte, ging es tatsächlich besser. Er blieb häufig stehen und betrachtete die Dinge genauer. Manchmal brachte er geradezu ein System in sein Sehen. Er zwang sich, nicht nur in der Waagerechten zu beobachten, sondern auch den Kopf zu heben und zu senken. Er verglich, bemerkte und fand immer neue Details. Ein wenig wurde er süchtig. Der graue Alltag wurde farbiger. Rul leistete sich den Luxus.

Dabei klappte es auch nicht immer. Bei bestem Willen war er an manchen Tagen nicht so sehr bereit wie an anderen. Er begann seine Stimmungen damit in Zusammenhang zu bringen. Gut gelaunt sah die Welt anders aus, als wenn er ärgerlich oder traurig war. Es schien unsichtbare Brillen zu geben, rosa, grau, schwarz, gefleckt.

Je genauer er beobachtete, desto deutlicher drängten sich ihm bestimmte Perspektiven auf. Seine Lebens- und Lerngeschichte, seine Gewohnheiten, sein Beruf, seine Vorlieben schnitten aus dem Kuchen der Wirklichkeit exakt ihr Stück heraus. Oder sie sortierten die Wirklichkeit. Als Rul vorhatte, ein Auto einer bestimmten Marke zu kaufen, meinte er, es führen plötzlich viel mehr Wagen dieser Firma durch die Straßen; als er noch nicht entschlossen war, welche Farbe er wählen sollte, ordnete sich der Straßenverkehr nach Farben.

Rul erfand ein neues Spiel, ein Rollenspiel. Er wechselte sozusagen den Standpunkt: Im Wald spazierend war er einmal Maler oder Waldbauer, oder Ökologe, oder Pilzsucher, oder Jäger, oder eben Spaziergänger. Immer war derselbe Wald ein völlig anderer.

In der Hochschule lieh er sich die Augen der Putzfrau, des Hausmeisters, des Gärtners, des Behinderten, der Studentinnen mit Kindern.

Die Wirklichkeit verwandelte sich, wurde viel-fältiger, interessanter.

Ihm wurde vor Augen geführt, wie schmal der Schlitz bisher war, durch den er blickte.

Es gibt Leute, die behaupten, sie würden nur glauben, was sie sehen. Das dürfte genau umgekehrt sein.

Rul hatte sich ein großes Pensum vorgenommen, das ihn mehr und mehr fesselte. Er wollte einfach mehr sehen, mehr riechen, mehr schmecken, mehr fühlen und mehr hören.

Dabei fiel ihm siedend heiß ein, dass er die Tür des Hauses, in dem er gerade zu Gast war, noch nicht genau betrachtet hatte, obwohl er täglich mehrmals durchging. Er wusste nur, dass er viel Kraft brauchte, um sie zu öffnen.

Mit der Wahrnehmung verhielt es sich wohl ebenso.

Hören

Während Rul bei den Mönchen wohnte, nahm er an ihren Horen, ihren Stundengebeten teil. Um 5.15 Uhr ging es los, mit der Komplet um 20.00 Uhr endeten sie.

Sie sangen die Hymnen, Gebete, Texte, Psalmen nach uralten gregorianischen Melodien.

In der Frühe war es besonders schön. Noch ein wenig müde, überließ er sich den Atemmelodien. Der eigene Rhythmus war im Einklang mit dem der Melodien. Text, Singen, Atmen, Stehen, Knien, Sitzen wurden eins. Die Erfahrung von weit über 1 000 Jahren überträgt sich.

Dazu kam die Veränderung der Stimmung. Die Gesänge begannen bei Dunkelheit. Das elektrische Licht schob seine Kegel in die Nacht. Allmählich wurde es draußen heller. Spätestens bei der zweiten Nokturn begannen die Fenster zu leuchten. Das elektrische Licht wurde fahl und langsam überflüssig.

Eingestimmt, ausgeglichen und irgendwie auch gelassen, heiter verließ Rul die Kirche.

Zu jeder Tageszeit reagierte er anders. Immer intensiv, aber eben anders. Geschäftiger, weniger kontemplativ, aktiver, bis abends wieder die Ruhe einkehrte und er noch nach der Komplet allein nachts um das Kloster gehen wollte, um das Erlebte ausklingen zu lassen.

Rul liebte die Musik. Sie war ihm sehr wichtig. Trotzdem nahm er sich selten die Zeit zu hören, und nichts als zu hören. Musik lief im Hintergrund, im Auto, im Radio, auch im Fernsehen (die mochte er nicht so gerne, weil hier die Kamera unzulässig interpretierte). Aber so ganz für die Musik da sein!? Wann war es das letzte Mal?

Rul entschloss sich, hier etwas zu ändern. Manchmal setzte er die Kopfhörer auf und schloss die Augen, dann sah er nicht, was er sonst noch alles tun könnte. Es erwachten Welten, Räume, Stimmungen.

Es wurde aufregend, der Unterhaltung der Stimmen einer Fuge zuzuhören, Frage und Antwort, parallele Führungen, behäbige Breitführung und Raffungen, Gegenläufe. Er lernte es wieder, Instrumente zu identifizieren, einzelne Stimmen herauszuhören und zu verfolgen.

Er gewöhnte sich an, bestimmte Stücke immer wieder zu hören. Er entdeckte Neues. Das Bekannte tat ihm gut.

Er lebte mit seinen Musikern, Stücken, Instrumenten und beobachtete sich dabei, wie sie ihm unverzichtbar wurden, ihn geradezu verfolgten, ihn zu sich zurückholten.

Im Augenblick hörte Rul besonders gerne Meredith Monk mit ihrem »Book of Days«. Ihre wunderbare Stimme, ihre Melismen, ihre langen Atemmelodien lösten eine Fülle von Erinnerungen aus. Mittelalterliche Musik, der blinde Florentiner Organist Landini, Sprechgesänge, Kirchenruinen, die leeren Kirchen von Fontevraud, in denen er einmal bei großer Kälte mit seinen Studenten wohnte, lange Wanderungen, kosmische Räume.

Die Musik ist ernst, festlich, kultisch.

Er freute sich täglich darauf, sie wieder zu hören. Sie bildete eine Hörinsel, um die sich der andere Tag gruppierte.

Rul entdeckte, dass er auch sonst aufmerksamer hörte. Alltagsgeräusche, Wassertropfen, Schritte, Gespräche vor dem Fenster, Geräusche verschiedener Türen (er kannte sie jetzt), bestimmte Autos, wenn sie ankamen oder abfuhren. Offensichtlich schaltete er nicht mehr so schnell ab. Die Umgebung wurde zu einem akustischen Abenteuer.

Liegen

Oft überkam Rul das Bedürfnis, sich einfach auf den Boden zu legen, ganz flach, die Hände neben dem Körper, die Handflächen nach unten. Wie selbstverständlich schloss er die Augen. Es war schön zu spüren, an welchen Stellen der Körper den Boden berührte, mit seinem Gewicht nach unten drückte.

Rul ging in seinem Kopf auf Reisen. Er lag am Strand auf dem warmen Sand. Der Sand formte für ihn ein Bett, genau nach seinem Körper. Er fühlte, wie sich der Raum unter seinem Rückgrat füllte und zwischen Hinterkopf und den Schultern. Ganz ruhig lag er da. Es wurde angenehm warm. Er hörte das Meer rauschen, die Wellen kamen an, eine nach der anderen. Unversehens stellte sich sein Atem darauf ein, Welle für Welle, Atemstoß für Atemstoß. Die Anspannung der Muskeln ließ nach, wie wenn sich eine Schönwetterwolke durch die aufsteigende warme Luft am Himmel auflöst. Immer kleiner wurde sie. Schließlich verschwand sie. Wie wenn er einen Schwamm zusammendrückt und loslässt. Er wird wieder groß wie vorher.

Die Reise führte ihn jetzt durch den Körper. Er dachte an seinen linken Fuß, stellte sich die Zehen vor, den Rist, die Ferse, wanderte über die Waden zum Knie und schließlich durch den Oberschenkel.

Rul stellte etwas Merkwürdiges fest. Er lag nicht mehr flach am Boden. Sein linkes Bein lag schräg nach unten, tiefer. In Gedanken durchreiste er nun das rechte Bein, die Hände, die Arme, den Leib, schließlich den Kopf. Das Gesicht lief auseinander, verlor die scharfe Kontur.

Sehr schwer war alles geworden, als wenn unter seinem Körper ein Vakuum entstanden wäre. Angesaugt fühlte er sich, eins mit dem Untergrund.

Rul schien zu versinken. Er tauchte ab in unvorstellbare Tiefen. Oder wohin? Er wusste es nicht. Auch nicht, wie lange. Anfangs musste er sich den Befehl »Entspannen« geben. Er tauchte wieder auf, streckte sich vorsichtig, spannte die Muskeln an, entspannte sie wieder und richtete sich langsam auf.

Später lernte er es, sich auf eine bestimmte Zeit einzustellen. Nach 10 oder 20 Minuten wollte er wieder da sein.

Er legte sich auf den Boden. Sein Körper hatte es gelernt, jetzt auch ohne geistige Wanderung und ohne Befehle zu reagieren. Rul ließ los, tauchte ab, verschwand förmlich und kam nach seiner Zeit wieder, von weit her, sehr weit sogar. Er wusste nicht, wie weit.

Er fühlte sich neugeboren, erfrischt. Die Energie war wieder da. Irgendwo hatte er aufgetankt.

Es gab Zeiten, da meinte er, er läge auf einer Luftmatratze. Die Sonne schien. Das Wasser plätscherte leise vor sich hin. Fast schwerelos lag er da, geschaukelt, gewiegt. Da konnte er abheben. Die Schwerkraft verschwand. Er konnte schweben. Alles wurde leicht. Er spürte sich nicht mehr. Auch hier gab es die weiche Landung, das Wiederkommen, die Ankunft - oder war es eine Niederkunft?

Sitzen

»Eine Sitzung ist der Triumph des Hintern über das Gehirn.« Dieser Satz kam Rul oft in den Sinn, wenn er Stunde um Stunde auf seinem Stuhl saß. Der Kopf wurde schwer, auch die Augenlider, er konnte kaum mehr zuhören.

Manchmal wollte er einfach aufstehen und gehen. Auf einem englischen Kalender fand er einen Cartoon. Ein Herr, offenbar der Chef, hatte seinen Mantel angezogen. Mit dem Hut in der Hand sagte er zu seiner Sekretärin: »I've done my managing for today. I go home early.« An ihn dachte er oft. Dabei wollte er gar nicht am Sinn dieser Sitzungen zweifeln. Vieles musste beraten werden, beschlossen oder geplant. Aber musste das alles so lange dauern?

Rul erfand für sich eine neue Art zu sitzen. Er saß aufrecht, die Füße parallel gestellt, und ließ den Oberkörper in sich zusammensinken. Die Unterarme legte er auf die Oberschenkel. Nun konzentrierte er sich auf die linke Hand. Sie hing nach unten. Schwerer wurde sie und immer schwerer. Sie hing scheinbar schon viel weiter unten als die rechte. Nun richtete er sein Augenmerk auf die rechte Hand. Auch sie wurde schwerer, bis sie schließlich die Tiefe der linken Hand erreichte.

Nun zog Rul seine Nackenmuskeln unauffällig hoch und spannte die Muskeln an. Er zählte langsam bis sechs, dann senkte er die Muskeln wieder ab und enspannte sie. Das tat er mehrmals. Nun ging es ihm schon viel besser. Er konnte die Arme wieder auf den Tisch legen, schreiben, Papiere sortieren, kurz, er war wieder vorhanden. Auch die aggressivsten Kollegen und die merkwürdigsten Diskussionsbeiträge berührten ihn nur mehr wenig.

Rul lernte dieses Sitzen regelrecht. In der Bahn, beim Warten, überall konnte er Pausen einlegen, ohne die Aufmerksamkeit der Umgebung zu erregen.

Gehen

Heute war Rul weit gegangen. Er spürte, dass er es lange nicht mehr getan hatte. Ein wenig schien er eingerostet. Es dauerte eine Weile, bis die Bewegungen nicht verkrampft waren, sondern natürlich und organisch. Vielleicht kam es daher, dass er ans Gehen dachte?

Er musste erst einen Rhythmus finden, seinen Rhythmus. Er hatte kein Ziel, er musste nicht zu einer bestimmten Zeit an einem bestimmten Ort sein. Er konnte sich also Zeit lassen, Zeit nehmen (unsere Sprache ist schon sonderbar ...) zum Gehen.

Wie gesagt, es dauerte eine Weile, bis er den Rhythmus gefunden hatte zwischen der Bewegung, seinem Atem und seiner Neugier. Er hatte es nicht eilig. Trotzdem brachte ihn jeder Schritt vorwärts. Einmal blickte er zurück und war erstaunt, wie weit er schon über die Felder gestreift war. Zunehmend war er offener, lockerer geworden. Er war die vierte Dimension in einem dreidimensionalen Film, den er mit allen Sinnen aufnahm. Irgendwie nahm er teil, wurde er Teil der Welt, durch die er sich bewegte. Rilke kam ihm in den Sinn, in seinen späten Gedichten: »Ich sah hinaus und in mir ist der Baum ... Die Vögel fliegen still durch mich hindurch ... Durch alle Wesen reicht der eine Raum. Weltinnenraum.«

Lin Yutang spricht von der Landstreichermentalität, die man haben muss. Die entsteht nicht beim Spazierengehen, sich Ergehen oder beim fröhlichen Wandern. Es ist eine bestimmte Art zu gehen, mit dem »besonderen Talent im Herzen und einer besonderen Schaukraft im Auge« (Chin Shengt'an). Es ist ein Gehen, aus dem Gespräche erwachsen können oder Philosophien. Die Nachtwallfahrt nach Chartres oder auch die von München nach Freising, Nikodemus-Gespräche bei endlosem Gehen in den wunderbaren, kühlen Kreuzgängen südlicher Klöster mit Verweilen in der Rosenlaube und erneutem Aufbruch.

Rul hatte schon immer den Gedanken geliebt, dass eine ganze Philosophenrichtung aus diesem Gehen in der Wandelhalle entstanden ist, die Peripatetiker, die »Herumgeher« um Aristoteles.

Merkwürdigerweise vergaß Rul diese Gänge nicht. Er hatte viele hinter sich, bei größter Hitze in den Tropen, nassschwül auf Bali, frischwindig auf der Osterinsel, kalt und mit leichtem Höhenkoller in den Anden, aber auch nachts durch den Englischen Garten oder nach Andechs.

Es ist ein meditatives Gehen, Kin-Hin heißt es im japanischen Zen, es ist ein Exerzitium.

Rul hatte das früher oft gemacht. Er war ausgebrochen und ging los. Warum hatte er auch das vergessen? Heute war ihm klar geworden, dass er jederzeit wieder anfangen konnte.

Kopfweh

Kopfweh ist eine rechte Plage. Man weiß nicht, soll man liegen, sitzen oder stehen. Durch die Wand könnte man. Verzweiflung oder apathische Gleichgültigkeit überzieht einen. Das Leben mag einen nicht mehr.

Rul hatte nicht oft Kopfweh. Wenn er es hatte, war es schlimm. Da machte er eines Tages eine Entdeckung: Er lag im Bett, erwachte nachts mit rasenden Kopfschmerzen. An Einschlafen war nicht mehr zu denken. Er wälzte sich, schaltete das Licht an, versuchte zu lesen, schaltete das Licht wieder aus, wälzte sich wieder usf. Jeder Versuch zu entkommen, war vergebens.

So blieb er ruhig liegen und versuchte den Schmerz zu orten. Was ursprünglich ein allgemeiner Schmerz zu sein schien, war klar lokalisierbar. Eine ganz bestimmte Stelle war der Ursprung der Pein.

Merkwürdigerweise schien von ihr ein Weg auszugehen. Er führte an der Schläfe entlang, abwärts bis etwa zur Höhe des Ohrläppchens, lief nach oben um das Ohr herum, dann über den Nacken und schließlich entlang der Wirbelsäule. Rul ging diesen Weg in Gedanken. Er war nicht gleichförmig. Es schien kleine Plätze zu geben, an denen man verweilen musste. Erst dann war der Weg wieder frei. Rul hatte das Kopfweh vergessen. Diese Wanderung war faszinierend. Sie hatte ihren eigenen Rhythmus, ihre Spannung und Entspannung. Es fiel ihm kaum auf, dass seine Schmerzen entschwunden waren.

Rul hatte in seinem Körper Stellen entdeckt, die anders waren als andere. Sie strahlten auf die Umgebung aus und hatten weit-reichende Wirkungen. So begann er, systematisch seinen Körper zu erforschen. Mit seinem Denken entdeckte er immer neue Konzentrationspunkte - auf der Fußsohle, auf der Handfläche, eigentlich überall. Er spürte, dass er die Wirkung steigern konnte, wenn er die Stellen leicht mit den Fingern berührte. Manche Punkte wirkten anregend, andere beruhigend. Rul hatte in sich Kraftreserven erschlossen, die nicht nur wirkten, wenn er Schmerzen hatte. Es waren Quellen, die geöffnet werden wollten.

Es gelang ihm nicht immer. Er musste erst die Hetze vergessen, ruhig werden, sich konzentrieren können. Dann wurde sein Körper zur Landkarte mit Wegen, Bergen, Tälern, die durch Denken wie durch einen Infrarotfilm zu betrachten waren, mit aktiven und passiven Zonen. Rul hätte natürlich auch Tabletten gegen sein Kopfweh nehmen können. Seit dieser Entdeckung tat er dies nur noch selten.

Meditation

Mit vielen Wegen der Meditation hatte sich Rul befasst. Carl Happichs »Gang auf die Wiese«, die »Exerzitien« des Ignatius von Loyola haben ihn beschäftigt. Er hat bewegt die »Lebensgeschichte eines russischen Pilgers« mit seinem immer währenden Gebet gelesen. Der Rosenkranz als Meditationsbasis war ihm nicht fremd. Immer wieder, aber noch viel zu wenig, nahm er die Schriften der Mystiker zur Hand. Von der transzendentalen Meditation hatte er gehört. Sie hatte ihn nicht sehr angezogen. Za-Zen war ihm eine ständige, wenn auch im Grunde fremde und daher mühselige Aufgabe.

Ihm wurde dabei immer wieder deutlich, dass er seinen eigenen Weg suchen musste. All die Meditationsschulen waren anregend, setzten aber doch einen Gemeinschaftsbegriff voraus und eine Art zu leben, die nicht die seine war. Geblieben war ihm als angenehme, höchst wirkungsvolle und not-wendige Disziplin das »autogene Training«. Es wurde zur selbstverständlichen Übung, die nicht einmal mehr Befehle an den Körper nötig machte. Er hätte es nicht Meditation genannt. Darunter verstand er eine besondere Art des Nachsinnens, Nachdenkens und Anteilnehmens auf der Basis der »Zärtlichkeit für die Dinge« (Hegel).

Irgendwie fühlte er, dass alltägliche Tätigkeiten viel meditativer sein konnten als Übungen mit definierten Stufen. Meditativ konnte er überall sein, überall, wo er teilhatte an einem Thema, wo er sich beteiligen konnte. Das konnte ein Wort sein, ein Satz, Töne, Melodien, Musikstücke. Das konnte ein bestimmtes Verhalten, ein Gebet, ein Bild, eine Zeichnung sein, ebenso wie Beispiele von Leid, Sorge, Not und der Tod. Besonders leicht fiel es ihm im Kontakt mit der Natur. Direkt in der Begegnung mit Blumen, Bäumen, Steinen, Landschaften, mit den Jahreszeiten, dem Wetter oder auch indirekt. Die Bonsais seiner Frau Marielle waren ein willkommener Meditationsstoff.

Rul dachte aber nicht gerne *über* Meditation nach …

Schon vier Uhr ...
Ich bin neunmal aufgestanden,
um den Mond zu bewundern.

Basho

Schlaf

Es geht einfach nichts über ein gutes Bett. Wer erinnert sich nicht daran: Alles riecht frisch, man streckt sich aus, spürt, wie sich der Körper entspannt. Mit einem glücklichen Gefühl dreht man sich zur Seite und ist weg.

Rul hatte das oft erlebt. Leider auch oft das Gegenteil. Auf den vielen Reisen stieß er auch auf zu weiche, durchgelegene Betten. Das Kreuz tat schon weh, wenn er nur daran dachte. Wie oft hat er die Matratzen vor dem Bett auf den Boden gelegt oder die Schranktür ausgehängt und für die Nacht unter die Matratze geschoben.

Umso mehr schätzte er gute Matratzen, angenehme Kopfkissen, Zudecken, nicht zu leicht, nicht zu schwer. Er entsann sich wunderbarer Schlafgelegenheiten. Damals, in der Shile Hagia Anna, auf Athos. Er hatte jedes Zeitgefühl verloren. Der Gastmönch stieg mit ihm eine Treppe hoch. Er bekam einen Schlafraum mit sieben Betten ganz allein, mit Blick durch die Balkontür auf das Meer, tief unten die umliegenden Hügel. Oder auf Kreta. Oder London, im zweiten Atelier von Eduardo Paolozzi. Rul lag sehr gut, konnte aber nicht schlafen wegen der vielen aufregenden Bücher ringsherum.

Aber auch das Zuhause war nicht zu verachten. Sein Bett würde er am liebsten mitnehmen.

Wichtig war aber nicht das Liegen. Wesentlicher war das Behagen, die Freude, liegen zu können und zu schlafen, so lange es eben ging, ohne Pflichten, ohne Wecker. Einfach liegen bleiben.

Welches Glücksgefühl, wenn er erwachte und es war erst 5.00 Uhr. Einfach weiterschlafen.

Es war nicht so leicht, die innerliche Uhr abzustellen, die einen pflichtgemäß weckte. Oder das schlechte Gewissen, das einen anknabberte und mahnte: »Tu doch endlich was.«

Schlafen ist eine so wichtige Zeit. Dieses So-weit-weg-Sein, im Reich der Bilder, der Geschichten und Mythen, dürfte nicht sorglos verkürzt werden.

Wenn Rul im Britischen Museum in London war, wallfahrtete er als Erstes zu einer seiner Lieblingsplastiken, zu Hypnos. Ein jugendlicher Kopf mit Stirnband aus dem 4. Jahrhundert v.Chr. Vom Betrachter aus links wächst aus dem Bronzekopf ein Flügel. Hypnos, der Gott des Schlafes, war der Bruder des Todes. Man stellt sich beide oft als Antipoden vor. Hypnos, der Sohn der Nacht, die wiederum die Tochter des Chaos war.

Sich ihm zu überlassen, ohne Arg und Angst, sich wegzuträumen und gestärkt, erfrischt wieder zu erwachen, das ist schon Glück.

Martin Buber schildert in seinen »Erzählungen der Chassidim« die Geschichte von Rabbi Schmelke, einem heiligmäßigen Manne, der nur im Sitzen schlief, damit sein Lernen nicht zu lange unterbrochen wurde, zwischen den Fingern eine brennende Kerze, deren Flamme ihn wecken sollte, wenn er zu lange schlief. Rabbi Elimelech bereitete ihm ein Ruhebett und überredete Rabbi Schmelke, sich darauf auszustrecken. Dann verhüllte er das Fenster. Rabbi Schmelke erwachte erst am hellen Morgen - ohne Reue. Er empfand eine ungekannte, sonnenhafte Klarheit. Er predigte wie nie zuvor. Später sagte Rabbi Schmelke zu Elimelech: »Jetzt erst habe ich erfahren, dass man Gott auch mit dem Schlafe dienen kann.«

Rul wollte sich das sehr genau merken.

»Leg ich mich nieder,
so schlaf ich bald in Frieden,
denn Du, o Herr, allein
hältst mich in sicherer Hut.«

So heißt es im 4. Psalm.

Fliegen

Er hatte sich immer gewünscht, einmal vom Fliegen zu träumen. Dann war es so weit.

Rul stieg einen Berghang empor. Er wusste genau, welcher Berg es in Wirklichkeit war. Links hing die Grasnabe etwas über. Als Rul aus Versehen darauf trat, brach sie mit ihm ab. Er stürzte, aber nicht weit. Tief unter ihm zerbarsten der Boden und die Steine, die er losgetreten hatte.

Rul stand wieder oben.

Nun trat er neben sich. Während er träumte, begutachtete er seinen Traum. Verwundert stellte er fest, dass er jetzt gerade offensichtlich geflogen war. Nur so war zu erklären, dass er nicht zerschmettert im Tal lag.

Das wollte er genau wissen.

Rul trat noch einmal auf den Überhang. Und noch einmal brach er mit ihm ab. Und wieder stand er nach kurzer Zeit oben, während tief, tief unter ihm der Boden und die Steine auseinander spritzten.

Mit einem Hochgefühl sagte Rul zu Rul: »Siehst du, jetzt hast du einen Flugtraum. Was du immer wolltest, ist jetzt möglich - du kannst fliegen.« Und Rul sagte sich: »Wenn ich heute Nacht schon fliegen kann, dann nutze ich das auch aus.« Er breitete seine Arme aus und flog vom Berghang weg über das Tal. Ganz langsam flog er durch das Tal und auf der anderen Seite zurück. Es war völlig windstill und trotzdem trug ihn die Luft und führte ihn ohne Anstrengung. Die Sonne schien. Es war warm, aber nicht zu heiß.

Alles sah er sich genau an, die Höfe, die Wälder, beobachtete Leute und Tiere, folgte den Bachläufen. Sogar Gerüche stiegen zu ihm auf, der Geruch von Erde, Wald und Blumen.

Rul weiß nicht mehr, wie der Traum endete. Vielleicht ist er gar nicht zu Ende?

Kurze Zeit darauf durfte er mit einem Ballon fahren. Er war mit Gas gefüllt. Lautlos, und da er mit Windgeschwindigkeit fuhr, auch wie windstill, fuhr er dahin. Die Sonne spitzelte über den Hügel, als sie starteten. Zwei

Schäufelchen Sand aus den Ballastsäcken gingen über Bord, und königlich stiegen sie auf. Gegen die Sonne war das Land noch nebelig verklärt, mit der Sonne zeigte es satte Farben. Als schwarzer Kreis mit lichten Rändern begleitete sie ihr Schatten, lief über die Hügel, Wiesen und Wälder.

Für Rul war der Traum Realität geworden. Genauso war er im Traum geflogen. Auch im Traum hatte er die Leute unten sprechen hören, jedes Wort verstanden. Er hatte dasselbe Hochgefühl, antigrav, wie Kleist zu seinem Aufsatz über das Marionettentheater schreibt, mit aufgehobener Schwerkraft. Alles war leicht, erhaben und doch einfach.

Der Traum war auch damit nicht zu Ende. Rul ertappte sich, wie er in Gedanken immer wieder Flüge unternahm, wie er abhob, leicht, schwerelos und ohne Mühe Reisen unternahm.

Es gab ihm ein neues Gefühl der Unabhängigkeit. In langweiligen, langatmigen Sitzungen war er nur noch körperlich anwesend. Er hatte sich erhoben, war ausgestiegen, betrachtete das Haus, in dem er noch saß, in Ruhe von oben, besah sich das Viertel, umkreiste die Stadt.

Er sah alles ganz genau. Er hätte jede Einzelheit zeichnen und beschreiben können.

Es war ihm eine neue Dimension zugewachsen, ein unbezahlbares Stück Freiheit.

Die konnte ihm niemand und zu keinem Zeitpunkt mehr rauben.

DA SEIN

Blumen

Der Heian-Gingu-Tempel in Kyoto hat einen sehr schönen Garten. In einem angrenzenden Bereich gibt es viele Blumen - eine wunderbare Anlage. Neben jeder Blume steht ein Täfelchen. Auf Ruls Frage erklärte sein Dolmetscher, hier seien die schönsten Blumengedichte der japanischen Dichtung versammelt, neben jeder Blume ihr Gedicht. Rul bat an einem Beispiel um Übersetzung. Der Dolmetscher musste nicht hinblicken. Er konnte die Gedichte auswendig.

In Tokyo steht die große Anlage des Meiji-Tempels. Rul wanderte durch das Gelände. Wunderbare Gartenanlagen, eine anregende Landschaft, Sommer- und Teehäuser von erlesener Qualität. In einem Seitenteil standen wohl tausend Schwertlilien, verschiedene Formen und Farben, alle wunderschön. Und alle haben einen Namen. Auf einer kleinen Tafel ist er in bester Kalligrafie verzeichnet, zum Beispiel »Die Farbe des Himmels nach dem Gewitter«.

Welche Ehrfurcht vor den Blumen wird hier sichtbar. Es ist nicht nur die Verneigung vor der Schönheit, es ist sichtbare Liebe zur Schöpfung, zu einem Wesen, in dessen Sein das Göttliche ebenso aufscheinen kann wie im Menschen.

Welch kalte Dusche, wenn man in einem Bildungshaus entdeckt, dass es nur mehr künstliche Blumen gibt. Die sind natürlich pflegeleichter. Welches Missverständnis.

Die Blumen als Sinnbild für unser Leben, als Zeichen erlebbarer Zeit, des ewigen Kreislaufes von Werden und Vergehen. Die Zeit wird mit den künstlichen Blumen nicht aufgehalten, sie wird getötet.

Man kann es nicht ohne Rührung sehen, wie fast unter dem Schnee die ersten Blumen herausspitzeln, ja im Schnee zeigen, wie das Leben wieder ersteht - ein österlicher Gedanke.

Und welche Schönheit Blumen bekommen, wenn sie alt werden. Rul liebt seine Blumensträuße. Sie dürfen sehr lange leben. Wie schön werden Tulpen, wenn sie schon uralt sind, fast weiß mit ganz weichen Pastelltönen, oder Rosen ...

Wie beeindruckend sind Hortensien im Garten nach dem ersten Frost.

Sich mit Blumen zu beschäftigen, heißt verweilen, betrachten. Sich einen Blumenstrauß zu pflücken oder zu kaufen, bedeutet gestalten.

Wenn Rul Blumen verschenkt, ist es nicht nur die Symbolbedeutung (Rose =, Lilie =), es ist ein Stück Schönheit als Leben, es ist ein wenig Dauer und Vergänglichkeit und letztlich eine Erinnerung an die Endlichkeit.

Rul mag die Wiesenblumensträuße sehr gern, strotzend von Leben und Kraft. Man hört noch die Bienen summen und riecht den Sommer. Ebenso sehr verehrt er die einzelne Blüte, den Zweig, die dadurch so unaustauschbar einmalig werden, zum Individuum, dass Vergleiche nicht möglich sind.

Rul erinnert sich an die Botschaft des Fuchses im »Kleinen Prinzen«: »Adieu. Hier ist mein Geheimnis. Es ist ganz einfach: man sieht nur mit dem Herzen gut. Das Wesentliche ist für die Augen unsichtbar ... Die Zeit, die du für deine Rose verloren hast, sie macht deine Rose so wichtig ... Die Menschen haben diese Wahrheit vergessen, aber du darfst sie nicht vergessen. Du bist zeitlebens für das verantwortlich, was du dir vertraut gemacht hast ...«

»Ich bin für meine Rose verantwortlich ...«, wiederholte der kleine Prinz, um es sich zu merken.

Rul denkt bei den Blumen an seinen Tod. Das gibt ihm viel Freiheit.

Jetzt

I lieg am Bod'n und hör an Wind
wiara si stroaft im Gras;
koa Uhr is da, dia wo mi zwingt
und sagt ma, dua jetzt was!

I blinzlt in de warme Sonn
I denk mir bloß: wia schee!
... Schad, dass ma nix dahaltn konn.
Geh weiter, Zeit, bleib steh.

Helmut Zöpfl

Rul kam es so vor, als wenn die Zeit immer schneller verginge. Je mehr ihm das bewusst wurde, desto rascher eilte sie dahin.

Rul wollte den Augenblick »dahaltn«, festhalten. Es war, als wenn er die Enden des Regenbogens suchen würde. Je genauer er hinsah, desto mehr verschwanden sie.

Dabei wurde ihm immer bewusster, wie sehr er die Zeit verschwendete. Immer verbrauchte er das Jetzt wegen des Nachher. Schon als Kind, als Schüler, als Student hatte er jetzt etwas gelernt, was er nachher brauchte. Und das Jetzt war weg, unwiederbringlich entschwunden. Jede Minute, Stunde, jeder Tag war verbraucht worden.

Rul fühlte sich betrogen, verschoben.

Weil er älter wurde, rückte der Gedanke an seinen Tod vor sein Auge. Die Endlichkeit seines Daseins auf dieser Erde machte ihn egoistisch. Er beanspruchte sein Recht, auch auf sein augenblickliches Glück.

Er ging viele Wege, es zu finden.

Es waren Umwege, vielleicht nötig, aber Umwege. Der Gitarrist Sigi Schwab schildert in seinem Stück »Ladakh« die Geschichte eines jungen Mannes, voller Unruhe auf der Suche nach Erfüllung. Der Weg führt ihn nach Osten, symbolisch nach Ladakh. Er ist enttäuscht, verwirrt und entdeckt, dass er das, was er sucht, nur in sich selbst finden kann.

Rul wollte lernen, jetzt, hier da zu sein.

Er entsann sich eines Gerätes, das er oft in japanischen Gärten bewundert hatte. Es war ein dickes Bambusrohr, schräg angeschnitten, das so über eine feine Achse auf zwei Stäbe gestützt war, dass das gerade Ende, weil schwerer, auf dem Boden aufsaß. Ein dünner Wasserstrahl füllte das nach oben gereckte schräge Ende. Es wurde schwerer, kippte nach unten und ergoss das Wasser auf den Boden. Dadurch war das andere Ende wieder schwerer, das Rohr kippte wiederum und schlug mit dem geraden Ende auf dem Boden auf. Alle paar Minuten war ein leiser Ton, eben dieses Aufschlagen zu hören.

Für den Zen-Buddhisten bedeutet es »Ten« - Jetzt.

Rul mühte sich um dieses »Jetzt«. Es entglitt. Er verkrampfte sich und erlebte seine Ge- und Befangenheit. Dabei wusste er sicher, dass es nur diese Stationen in dem dauernden Fluss sein konnten, die ein Neuanfangen zuließen.

Rul las in »Zen in der Kunst des Bogenschießens«, wie sich Eugen Herrigel immer mehr verrannte, diese Kunst zu erlernen, indem er mit Verstand und Willen Lösungen suchte. Eines Tages verzichtet er auf »die letzten Regungen des Dranges, sich mit mir selbst und den Schwankungen meines Zumuteseins zu beschäftigen«.

»Verstehen Sie jetzt«, fragte mich einmal der Meister nach einem besonders guten Schuss, »was es bedeutet: ›Es‹ schießt, ›Es‹ trifft?«

»Ich fürchte«, erwiderte ich, »dass ich überhaupt nichts mehr verstehe, selbst das Einfachste wird verwirrt. Bin ich es, der den Bogen spannt, oder ist es der Bogen, der mich in höchste Spannung zieht? Bin ich es, der das Ziel trifft, oder trifft das Ziel mich? Ist das ›Es‹ in den Augen des Körpers geistig und in den Augen des Geistes körperlich - ist es beides oder keines von beiden? Dies alles: Bogen, Pfeil, Ziel und ich verschlingen sich ineinander, dass ich sie nicht mehr trennen kann. Und selbst das Bedürfnis zu trennen ist verschwunden. Denn sobald ich den Bogen zur Hand nehme und schieße, ist alles so klar und eindeutig und so lächerlich einfach ...«

»Jetzt eben«, unterbrach mich da der Meister, »ist die Bogensehne mitten durch Sie hindurchgegangen ...«

»Lächerlich einfach ...« Rul wusste nicht, warum, und auch nicht, warum gerade zu diesem Zeitpunkt. Das Jetzt sprang ihn an, in einem Garten, beim Aufblitzen eines Blicks, bei Lärm, bei Musik, bei Begegnungen, bei einem bestimmten Licht, immer wieder, immer neu, noch viel zu selten, aber immerhin.

Er hatte Hoffnung.

Raum

Rul hatte sich angewöhnt, sich zu überlegen, wo er eigentlich sei. Scheinbar ist diese Frage ganz einfach zu beantworten. Er war im Raum 323 a oder 318, er war im Wohnzimmer, in der Küche, er war auf dem Stephansplatz oder im Großraumwagen 305, Platz 86 am Fenster, in Fahrtrichtung, Nichtraucher. Dort konnte man ihn sehen. War er aber wirklich da?

Rul dachte oft an den asiatischen Musiker, der in London ein Konzert geben sollte. Er war angekommen, dann aber zwei Tage unauffindbar. Er musste warten, bis seine Seele nachkam ...

Rul war raumempfindlich. Es gab Räume, in denen fühlte er sich sofort wohl, andere mied er. Es gab in den Räumen Stellen, die ihm lieber waren als andere.

Er dachte nach. Oft waren es die Größenverhältnisse, die in irgendeinem geheimnisvollen Zusammenhang mit seinem Wohlbefinden standen. Ein anderes Mal widerstand ihm die Farbe. Es gab unausstehliche Klänge. Es gab Farben, die ihn traurig machten, einsam, vielleicht sogar aggressiv. Es gab aber auch welche, die mochte er, manche sogar richtig gerne. Sie brachten ihn in Stimmung - so wie ein Instrument gestimmt wird.

Besonders wichtig war das Licht. In manchen Räumen fühlte sich Rul wie ein abgestelltes Gepäckstück in einer Abstellkammer, in anderen wie auf dem Seziertisch eines Operationssaales. Nicht immer lag ihm das Licht. Manchmal war es anregend, manchmal heimelig, manchmal nur sachlich. Man konnte so viel gutmachen mit dem Licht.

Deshalb überlegte Rul seit einiger Zeit gründlich, wo er war. Ganz systematisch versuchte er den Raum wahrzunehmen. Er betrachtete die Wände, überblickte die Einrichtung, schätzte die Größe, maß mit den Augen die Entfernungen von sich zu den Gegenständen und zu den Wänden. Es war ihm ein liebes Spiel geworden, die Augen zu schließen und sich vorzustellen, wie von seinen Schultern und von seinen Hüften dünne Gummischnüre in die Ecken des Zimmers führten, gerade so gespannt, dass sie nicht durchhingen. In Gedanken stand er dann auf und bewegte sich einen

Meter nach vorne. Nun spannten sich die Gummischnüre hinter ihm, die vorderen hingen durch. So wanderte Rul in seiner Vorstellung durch den Raum und kehrte schließlich zu seinem Platz zurück. Er hatte Verbindung - ganz wörtlich - zu dem Raum aufgenommen und damit auch seine eigene Position, sein Verhältnis zum Raum bestimmt. Jetzt war es klar, wo er sich befand.

Er konnte jetzt auch genauer sagen, wie er sich hier fühlte. Er hatte seinen Ort bestimmt.

Rul hatte in der Wahrnehmungspsychologie den Satz gelernt: Ein ständig wiederholter gleicher Reiz wird nicht mehr wahrgenommen.

Der Raum wurde für Rul zu einer immer neuen Aufgabe. Je mehr er ihn beachtete, desto präsenter war er darin. Rul hatte Angst, verloren zu gehen, wenn er nicht immer wieder aufs Neue Verbindungen herstellte und sich in seinem Verhältnis zum Raum bestimmte.

Immer klarer wurde ihm, dass ein direkter Zusammenhang bestand zwischen diesem Verhältnis und seinem Verhalten. Dabei interessierte ihn mehr und mehr die Frage, warum er sich zum Beispiel hier wohl fühlte oder warum woanders nicht.

Rul begann über das Wort »gemütlich« nachzudenken.

Aufräumen

Wenn Rul einen Artikel schreiben musste, wurde er verhaltensauffällig. In jedem Lehrbuch über Pathologien des Alltagslebens wäre er dankbar als Anschauungsobjekt aufgeführt worden, wenn er das alles nicht alleine durchlitten hätte.

Er hätte sich ja hinsetzen können und schreiben. Die Zeit war eingeplant, das Telefon auf Anrufbeantworter gestellt, die Familie aus unterschiedlichen Gründen aushäusig, der Hund im Garten.

Es gab keine Ausreden.

Er hätte das Schreibpapier hinlegen können und den Stift ergreifen und beginnen.

Weit gefehlt.

Der Stift war ein ganz kleines bisschen stumpf. So konnte Rul nicht schreiben. Er musste gespitzt werden. Die Bleistiftspitzmaschine wackelte. Rul ging in den Keller, um eine kleine Schraubzwinge zu holen. Dabei fiel im leider auf, dass die Hobelbank längst wieder einmal eingeölt werden musste, aber erst nach dem Abstauben. Gut. Mit der Zwinge ging er hoch in sein Arbeitszimmer. Die Spitzmaschine wurde befestigt und wackelte nicht mehr. Der Stift war gespitzt. Die Spitze brach beim ersten Versuch. Sie war sowieso zu weich. Vorsichtshalber spitzte er alle Stifte. Rul hatte viele.

Die klassische Musik war irgendwie zu barock. Sie sollte flott sein und doch geistvoll, das Modern Jazz Quartett vielleicht. Ja gut, aber welche Platte?

Inzwischen wurde es Zeit für den Tee. Er musste ziehen. In der Küche lag die neue Zeitung. Rul las sich fest, beobachtete sich, wie er der Arbeit auswich, war ärgerlich darüber, zugleich arbeiteten die grauen Zellen wie ein Ameisenhaufen bei starkem Wind.

Die Geschichte ist episch auszubauen.

Schließlich war das Zimmer aufgeräumt, neu sortiert, Trouvaillen eingeordnet, aber keine Zeile war geschrieben. Nach dem Hundespaziergang,

fünf Telefonaten, zwei »Faxereien« und ähnlichen Umwegen setzte Rul sich schließlich hin, müde, entnervt, überdrüssig.

Und auf einmal lief es. Er konnte den Artikel hinschreiben, brauchte kaum mehr zu korrigieren.

Wenn Rul etwas Neues vorhatte, räumte er erst einmal auf. Das tat ihm gut und seinem Zimmer auch. Er schuf ein neues Fundament für die kommenden »Feuerwerke«.

War es verwunderlich, dass er selbst nach dem Aufräumen aufgeräumt war, unternehmungslustig?

Draußen

Rul saß entschieden zu viel am Schreibtisch. Das Haus verließ er fast nur, um schnell zum Bus zu gehen, von dort zur S-Bahn. Am Marienplatz stieg er in die U-Bahn um. Von seiner Haltestelle hatte er nur ein paar Minuten zum Arbeitsplatz.

Das war's dann. Zusammengenommen war er höchstens 30 Minuten »draußen«. Und das Tag für Tag. Am Wochenende lockten ihn die Familie und der Hund hinaus. Das war's dann auch wieder.

Nach ein paar Tagen düsterem, regnerischem Wetter und feuchter Kälte klarte es heute auf. Fast pastellfarben zogen Kumuluswolken über den Himmel.

Rul war sehr früh spazieren gegangen. Die Vögel zwitscherten. Deutlich waren Meisen und Buchfinken zu unterscheiden. Sie tirilierten um die Wette, der wärmenden Sonne und ihm zuliebe - so empfand er es. Dankbar notierte er, wie überall die Schneeglöckchen und die Märzenbecher aufgegangen waren. Weiße Nester waren entstanden. Dazwischen gelbe Krokusse, und über Nacht hatten sich auch die Veilchen geöffnet. Es war noch nicht Frühling, aber es konnte in zwei Minuten losgehen. Die Knospen waren prall und dick geworden. Manche brachen seitlich schon auf. Im Schatten sah er noch den Atem, aber wo die Sonne hinschien, wurde es ihm schnell zu warm. Rul fühlte sich ein wenig geerdet.

Wieder einmal hatte er sich domestizieren lassen, klimatisieren, isolieren. Freiwillig war er in Quarantäne gegangen und hatte vergessen, wie nötig gerade er den Anschluss an draußen brauchte. War das wirklich ein Draußen oder war nicht drinnen draußen? Rul nahm seinen Block und fand eine Bank in der Sonne. Im Augenblick war keine Zeit zum Nachdenken. Tief atmend sog er den Vorfrühlingsgeruch ein, sah, wie die Bienen sich streckten und die Beine putzten. Eine Amsel gab ein Exklusivkonzert, ein paar Krähen stritten, und auch einige Flugzeuge gab es, damit es nicht zu idyllisch wurde.

Rul war schon einmal an der gleichen Schwelle gestanden. Er hatte dann viel Zeit in einem Forsthaus verbracht. Mit seiner Familie war er jede mögliche Zeit draußen, hatte gelernt, die Zeichen des Wetters zu lesen, den Himmel, die Wolken, die Färbungen zu beobachten, Temperaturschwankungen zu beachten, das Verhalten der Vögel, der Insekten, überhaupt der Tiere im Auge zu behalten.

Er lebte mit dem Wetter. Sturm und Regen freuten ihn, große Kälte, mörderische Hitze, alles war schön. Man konnte sich ja richtig anziehen. Außerdem war der Mensch in Wasser ja nicht löslich.

Rul entsann sich, dass das alles einmal sehr wichtig für ihn war.

Warum hatte er das eigentlich vergessen? Natürlich gab es Ausbrüche, lange Wanderungen im Sturm auf Föhr oder am Atlantikstrand, in Dauerflucht vor den großen Wellen, Bergtouren.

Es waren Ausnahmen.

Dann stutzte er wieder seine Flügel.

Rul nahm sich ernsthaft vor, wieder regelmäßig und freiwillig seine Isolation zu verlassen.

Traum unterm Olivenbaum

Rul liegt unter einem alten Olivenbaum und findet das Leben schön. Die Oliven-Terrasse ist sehr gepflegt. Kein Unkraut wächst. Die Mauer zur nächsten Terrasse ist ein Meisterwerk. Fast nahtlos fügen sich die Steine ineinander. Was muss das Mühe gemacht haben, diese Terrassen zu bauen. Wenn besonders heftige Regenfälle eine Mauer unterspülen und einstürzen lassen, kann man das ermessen. Welche Gewichte da geschleppt werden müssen. Wie viel Augenmaß man dazu braucht. Würden die Bauern diese Mauern nicht sorgfältigst pflegen, wäre so ein Hang sehr schnell vermurt und zerstört.

Sicherlich schon seit der Antike wurden hier in Ligurien Oliven angebaut. Ein Blick bis oben an die Hänge mit den Querstrukturen beweist, wie hoch man früher da hinaufgestiegen ist. Auch heute noch legen die Bauern lange Wege zurück. Da oben liegen die Olivenhaine, da drüben bauen sie ihren Wein, da unten gibt es das Gemüse. Stunden sind sie oft unterwegs.

»Seine« Olive ist ein sehr alter Baum. Sein Stamm bäumt sich geradezu auf. Wie gerissen wirkt er. Hinter der zerklüfteten Rinde zeigt er das blanke Herz, grau, von Wind, Wetter und Licht gegerbt. Über ihm die weit ausladende Krone mit den dunklen, lanzettförmigen Blättern. Wo der Wind sie umdreht, sind sie silbrig. Und dazwischen, wie eine Notenschrift, die Oliven - ein ur-uralter Rhythmus. Hier ist einfach gut sein. Man kann sich hineinträumen in die Vergangenheit, die in der Gegenwart weiterlebt.

Wie eine riesige Glasglocke wölbt sich der Himmel über ihm und um ihn. Hier kann er die Beine noch auf die Erde stellen und nicht einfach darüber weglaufen.

War es hier eigentlich immer so? Oliven, Wein und Getreide gab es wohl seit ewigen Zeiten. Aber all die anderen Pflanzen, die wir für so typisch italienisch halten? Die Zitronen, Orangen, die Mandarinen? Sie gibt es noch nicht so lange hier. Sie stammen aus dem Orient. Erst mussten die Handelswege mühsam erschlossen werden, ehe die Pflanzen zu uns kommen konnten. Der Feigenbaum kommt aus Amerika. Es ist fast unvorstellbar, dass er hier noch nicht lange heimisch sein kann. Der Pfirsich, der »persische Apfel«, auch die Zypressen, ohne die italienische Landschaften fast unvorstellbar sind, kommen aus dem Orient. Und die Eukalyptusbäume sind die wohl jüngsten Zuwanderer. Sie kommen aus Australien.

Es gibt also viel Stoff zum Träumen. Wie das wohl zuging, als die erste Orange angepflanzt wurde, die erste Feige, die ersten Kakteen. Und wie sich die Landschaft langsam veränderte. Einiges bleibt aber wie eh und je.

Einmal im Jahr riecht »sein« ligurisches Städtchen durchdringend nach Wein. Tausende von Litern werden gekeltert und in den Fässern verstaut. Dann riecht es nach Öl. Wenn die Bauern ihr wunderbares Olivenöl pressen. Ein andermal steigt einem der Geruch der Kastanie in die Nase. Dann sitzen die Bewohner um ein niederes Feuerchen auf dem Boden, braten ihre Kastanien, trinken ihren Wein und reden miteinander.

Hier hat man Zeit - auch zum Träumen.

Sterne

Rul war über den Athos gelaufen, hatte bei den Mönchen gewohnt und nachts an ihren Gottesdiensten teilgenommen. Sie begannen oft um Mitternacht. Übernächtig schlupfte er vom harten Bett, schüttete sich mit der Hand Wasser ins Gesicht, um wach zu werden, und stolperte durch die Dunkelheit ins Freie. Es war September.

Über ihm das Firmament, wie er es nie gesehen hatte. Dass es so viele Sterne gab: Sie funkelten und leuchteten. Er konnte sich nicht satt sehen. Langsam schälten sich aus der Fülle einzelne Verbindungen heraus, der große und der kleine Wagen, der Sirius, Kastor und Pollux, die Kassiopeia. Der Himmel bekam Ordnungen, Systeme. Dazwischen regnete es geradezu Sternschnuppen. Sie zogen kurze, weiße Linien und verschwanden. So viel hätte er sich gar nicht wünschen können.

Er wurde Zeuge einer, wie er meinte, besonderen Nacht. Seine Winzigkeit wurde ihm bewusst, das Unbedeutende seiner Geschichte, von Geschichte überhaupt. Vielleicht war nur wichtig, was die Mönche hier taten? Die Antwort der Mönche?

Rul versuchte sich zu erinnern, ob er Derartiges schon einmal erlebt hatte. Er hatte nicht. In seiner Heimat war der Himmel nicht mehr so rein und klar, die Straßenbeleuchtungen vertrieben die Nacht, und vielleicht war er auch nicht so aufnahmebereit.

Er nahm sich trotzdem vor, öfter in Zukunft vor die Türe zu treten, auch wenn es in der Wohnung warm und gemütlich war, um für sich die wahren Zusammenhänge zu erahnen.

Er liebte diesen Schauer. Er stimmte ihn zugleich erhaben. Und er drängte ihm die Frage auf: »Warum?«

Ja, warum.

Gärten

Kokedera heißt der Moostempel in Kyoto. Es ist nicht leicht, Eintritt zu erlangen. Nur einmal in der Woche dürfen Außenstehende den Tempelbereich betreten.

Die anderen Besucher waren ausnahmslos Japaner. Sie waren gekommen, um am Gottesdienst der Mönche teilzunehmen. Jeder malte sein Anliegen auf ein schmales Holz. Alle Hölzer zusammen wurden auf einen Altar gelegt.

Das Singen, das Schlagen auf die Holztrommeln, die großen Gongs versetzten ihn in eine sehr feierliche, festliche Stimmung. Es war eine gute Voraussetzung, diesen zauberhaften Garten zu erleben. Er ist berühmt für seine hunderte von verschiedenen Moosarten, die sich über den Boden hinziehen. Im unteren Teil des Gartens sind zwei Seen, zwischen denen eine Brücke die Verbindung herstellt. Es war völlig still, leicht regnerisch. Nur einzelne Tropfen fielen auf die Spiegelflächen des Wassers und zogen ihre Ringe. Merkwürdig intensiv wurde dieses Aufschlagen der Regentropfen. Alles war in den vielfältigsten Grüntönen abgestuft, nur die zierlichen Blätter des Spitzahorns leuchteten flammend rot. Ein Mönch ging langsam durch den Regen.

Im oberen Teil des Gartens steht ein Teehaus. Hier möchte man bleiben und einfach schauen, denken, malen, hören, Tee trinken.

Rul war oft in japanischen Gärten. Er liebte ihre Stille, ihre Vielfalt und ihre Symbolhaftigkeit.

Er ist viele Wege gegangen, fast vergessene Pfade, Wege, die ihn zwangen, auf Platten zu treten, deren jede einzelne in wunderbarem Verhältnis zu den anderen lag.

»Diesen Weg
geht niemand
an diesem Herbstabend.«

Basho

»Was ist der wahre Weg?
Der alltägliche!«

Chao-chou

Steine, behauene und natürliche, führten ihn über Teiche. Sie bildeten Stufen und Treppen, stützten Pfosten.

Steine wurden lebendig wie Tiere in den Wiesen, und Steine lagen da wie Weltgebirge zwischen wellenförmig gerechtem Sand.

Rul konnte sich nicht entziehen. Immer wieder saß er da und schaute. Er fühlte sich eingeflochten in innere Maßverhältnisse, fühlte sich als Teil von Zusammenhängen, die er verstandesmäßig nicht erschließen konnte. Er stand vor Bäumen, voll Anmut, vor schwerfälligen Greisen, vor lebenserprobten Kiefern.

»Obwohl kein Buddha
steht doch so selbstvergessen
die alte Kiefer.«

Issa

Rul bewunderte den Boden. Wie eine menschliche Haut zog er sich hin. Er blickte in Bäche und Teiche, voll von farbigen Karpfen, die auf ein Klatschen mit den Händen zusammenschwammen.

Er verfolgte den Fall des Wasser und staunte in Gärten, voller Steine, in denen Wasser nachgeahmt wurde. Er glaubte, es zu hören.

Es war eine Schönheit, die manchmal wehtat. Ein Konzentrat von Wirklichkeit, die über sich hinausführte.

Nichts war zufällig und nichts nur so gemeint, wie es sich ansah.

Rul beobachtete einen Arbeiter, der beim Kehren des Weges einen Stein ausbrach. Er legte ihn wieder zurecht, war aber nicht zufrieden. Er versuchte es wieder und wieder. Schließlich lag der Stein richtig, gerichtet. Der Arbeiter war nun zufrieden. Besser hätte der Stein nicht liegen können.

Ruls Blick hatte sich geschärft. Er wusste, diesen Inbegriff von Natur, dieses Sinnbild für Leben und Tod und Leben hinter und nach dem Leben, gibt es nicht nur in japanischen Gärten. An Bachläufen, in einem Tümpel, in einem Bauerngarten, beim Anblick von zwei Bäumen konnte es ihn anspringen.

»Wo nicht gefunden wird,
wird alles gefunden.
Es gibt Blumen, der Mond ist da
und das Gartenhaus.«

Su Tung-P'o

Rul liebt die Gärten, in denen die Stille und Kontemplation Platz haben. Wo Raum ist für Düfte, Farben, Geräusche des Wassers und der Tiere.

Es gibt so viele europäische Gärten, in denen das erlebbar ist. Und so viele Privatgärten.

Hier ist der Herbst noch ein Herbst und der Frühling ein Frühling. Hier sind Morgen und Abend wichtig, Mittagshitze und Dämmerung.

Hier bleibt man sitzen und ist da.

»Kein Staub ist aufgewühlt,
und still ist mein Herz.«

Sen-no Riteyn

SPÜREN

Die Welt auf dem Tisch

In einer japanischen Bonsai-Ausstellung fragte Rul einen jungen Mann, der ganz versunken die Bäume betrachtete, beim Herausgehen, warum ihm diese Miniaturbäume so viel bedeuteten. Provozierend sagte er zu ihm, hier vor ihnen seien doch so uralte, wundervolle echte Bäume. Ob die nicht noch viel wichtiger seien?

Der junge Japaner sah Rul etwas verwirrt und erstaunt an und antwortete dann: »Das Symbol ist immer mehr als die Wirklichkeit.«

Der Besuch bei japanischen und chinesischen Künstlern war für Rul stets aufregend. Alles war anders. Die Farben rochen anders - sie wurden umständlich angemacht -, die wunderbaren Papiere, die Pinsel, die Tuschsteine. Alles zusammen bewies, wie wichtig für diese Künstler die Vorarbeit war. Sie brauchte Zeit. Die Ausführung der Idee verlief dann meist konzentriert und rasch. Ein junger japanischer Künstler in München erklärte Rul den Vorgang sehr anschaulich. Er hielt in der linken Hand eine offene Bierflasche, die bis etwa drei Finger breit unter den Rand mit Wasser gefüllt war. Er stand breitbeinig da, über die Flasche gebeugt und hielt die rechte Hand wie einen Deckel flach über die Flasche. Lange verweilte er so. Dann folgte ein sehr schneller Schlag mit der rechten Hand auf die Flasche, ein Knall, und der Flaschenboden fiel herunter. Das Wasser lief aus. Mit dem Schlag hatte sich die Luftsäule in der Flasche so verdichtet, dass der Boden weggedrückt wurde.

Am Tisch der asiatischen Künstler herrschte geordnete Ruhe. Was Rul besonders mochte, war die kleine Welt, die jeder auf seinem Tisch hatte: eine kleine Pflanze, immer lebend, nie Schnittblumen, ein bizarrer Stein, oft ein zweiter, ein geschliffener Kieselstein, manchmal ein Stück Holz, manchmal eine kleine Plastik.

Hier war wieder das Symbol. Die verdichtete Wirklichkeit, in die man sich hineinträumen kann, die Anregung gibt und Zuflucht, Traumstoff und Formenvielfalt.

Rul gewöhnte sich an, auch auf seinem Tisch einen kleinen Kosmos zu errichten. Ohne ihn kann er sich inzwischen seinen Schreibtisch nicht mehr vorstellen. Das ist Augenfutter für kleine Pausen, Traumstoff, die Insel, die er oft gerne hätte.

Vermutlich war es bei den asiatischen Künstlern auch so. Rul konnte sie nicht fragen. Er selbst umgab sich nicht nur mit schönen Dingen, es waren Geschichten. Jeder Gegenstand hatte mit ihm zu tun. Er war ein Stück sichtbarer Biografie: Der kleine, spiegelblanke schwarze Stein vom Gunung Agung auf Bali, den die Hindus als heiligen Stein auf ihre Altäre legen, der Pyritwürfel von Elba, die silberne Klangkugel, der kleine, hölzerne, leicht vergoldete Buddha, den ihm seine Dolmetscherin Nayanee in Thailand gab usw.

Manchmal wurde die Welt verändert. Es waren aber immer einfach neue Geschichten, die vor Rul auf seinem Tisch standen.

Riverboats

In der Geschichte des Jazz spielen die Mississippidampfer eine große Rolle. Es waren die alten Raddampfer, auf denen die Bands um die Wette spielten, Jam-Sessions gaben, sich in neue Tonbereiche hineinschwelgten. Es war eine Musik voller Temperament und Lebensfreude.

Rul hatte sich immer gewünscht, auf so einem Riverboat zu fahren. Eine Zeitmaschine sollte es geben, die einen einfach »zurückbeamen« könnte.

Er hat es oft erlebt, auf einem Boot langsam den See entlangzufahren oder einen Fluss hinabzutreiben, während Musik gemacht wurde. Die Landschaft zog wie ein Film vorbei. Jede Realität wurde geheimnisvoller, erhielt andere Ober- und Untertöne, wechselte innerlich die Farbe.

Einmal war er mit seinem Freund Sigi Schwab auf Kreta. Ihr gemeinsamer Freund Antonius fuhr mit einem alten VW-Bus Stunde um Stunde über die Insel. Sie fuhren durch dieses fantastische Land, bergauf, bergab, an Dörfern vorbei, Menschen, Viehherden. Es war heiß und doch windig. Der Himmel stand strahlend blau über den Felsen. Die Zikaden sangen. Sigi saß auf dem Rücksitz und spielte auf einer Lagudo, dieser langhalsigen kretischen Laute. Er spielte seine Musik, zitierte kretische Harmonien, erprobte das Instrument auf alle Möglichkeiten hin. Und unversehens zog ihn die Landschaft auch in ihren Bann. Sie wurde zur Partitur. Sigi spielte das Land, die Schafe, den Schäfer mit seinem Hund, die Kapelle, den Mönch, den kleinen Markt, den unvermittelten Blick aufs Meer, die Felsschluchten, die uralten Oliven, die Pinien, die Zypressen. Alles wurde Musik.

Atemlos hörten die Freunde zu, während die Fahrt weiterging. Eine Ruine tauchte auf, schon hörten sie das alte Gemäuer, die Kirche, die alte, schwarz gekleidete Frau. Sie sahen mit den Ohren und hörten über die Augen. Man war in der vierten Dimension gelandet. Später hörte Rul den Satz: »In der Zeit, in der man Musik hört, altert man nicht.«

So muss es wohl gewesen sein.

Rul liebte es, nach Musik Fantasiereisen zu unternehmen. Er war dann sein eigenes Riverboat. Jede Musik weckte andere Bereiche seiner Erinnerung und seiner Vorstellung. Perugino, Dufay, Barockmusik, Erik Satie, Luigi Nono, Pierre Boulez aktivierten ihn. Er konnte Reisen unternehmen, ohne die Mühsal solcher Unternehmungen. Concerti grossi von Corelli oder Händel ließen ihn Feste erleben, Bach führte ihn in kristalline Strukturen, Debussy öffnete Weiten.

Manchmal reiste Rul mit einer Musik, die er schon zu genau zu kennen glaubte, die abgenützt, verbraucht erschien. Fast immer erlebte er Überraschungen. Wenn er so dalag, oder im Sessel »hing«, die Füße quer über die Armstützen oder auf einem anderen Stuhl, die Augen geschlossen, fühlte er sich weggehoben und die altbekannten Melodien hörten sich neu und neuartig an.

Rul hatte das eindringlich empfunden, als er wieder einmal Smetanas »Moldau« hörte. Alle seine Erinnerungen an Quellen, Bergbäche, seine Erfahrungen an Flüssen, auf Booten, mit Städten am Wasser und Festen am Fluss waren präsent. Er spürte, dass er selbst voller Bilder steckte. Die grauen Zellen seiner Fantasie waren aufgewacht.

Augenweiden

Rul hat einige Orte, die er immer wieder aufsucht. Es sind kleine geistige Tankstellen. Dazu gehören einige Steine, die an besonderen Orten stehen.

Einer ragt aus dem Meer in der Nähe des Ufers aus dem Wasser. Rul schaut ihn ganz besonders gerne an und schaut ihm zu. Es muss einmal ein wilder Stein gewesen sein, zerklüftet, voller »Falten«. Das ist lange her. Man ahnt es noch. Das Wasser hat ihn aber im Laufe der Jahrtausende ganz schön zurechtgeschliffen. Was einmal scharfkantig war, ist jetzt rundlich. Er ist ein gemütlicher Fels geworden, der nicht mehr »aneckt«.

Rul mag es, zu sehen, wie er vom Wasser gestreichelt wird. Es läuft über ihn, fast liebevoll, reagiert auf die Unebenheiten, teilt sich, trifft sich wieder und verschwindet im Wasser, das ihn umgibt.

Doch wehe, wenn es etwas stürmisch ist. Dann brausen die Wellen heran, bäumen sich hoch, bilden eine Gischtkrone. Alles kocht, braust, brandet. Der vorher so sympathische Stein wehrt sich. Er wird zum Bollwerk, zum Revoluzzer.

Dann lässt ihn das Wasser wieder im Stich. Bei Ebbe steht er - jetzt viel größer - im nassen Sand. Seine Farbe ist hell geworden, eben trocken. Er dreht seinen Schatten nach der Sonne und - man meint es zu spüren - wartet, bis die Wellen zurückkehren.

Bei Flut steigt das Wasser dann und steigt und steigt, bis es über den Felsen hinwegfließt. Bei stiller See liegt er sichtbar auf dem Grund, wie ein altes Wrack. Auf der Wasseroberfläche bilden sich kleine Kräusel und Wirbel. Selbst da unten gibt er nicht auf.

Ruls Fels ist immer anregend. Für Rul wurde er zum Freund, den er immer wieder gerne besucht, der ihn anregt, aufmuntert, geradezu erfrischt.

Rul hat ein paar solcher Freunde. Einer steht in Ligurien, in den Bergen, an einem winzigen Bergsee mit Wasserfall, den das Flüsschen Carpasina im Lauf der Zeit herausgewaschen hat. Dieses kleine Becken gießt sein Wasser über einen abgeschliffenen Rand in ein tieferes und bildet dabei wieder ei-

nen klaren Wasserfall. Dazwischen liegt ein kleiner Fels, um den das Wasser regelrecht herumschießt. Es ist eine Wassermenge, die mit einer nicht vorstellbaren Wucht den Stein umspült, umrauscht, immer in Versuchung, den Stein mitzureißen. Der wiederum scheint sich festzuklammern.

Rul sitzt sehr gerne auf einem Felsen neben dem Wasser und schaut zu. Zeit scheint hier keine Rolle zu spielen. Nur das Licht ist Spielgefährte. Es verzaubert das Wasser ins Türkis, in Dunkelgrün, ins Petrol, in Grau - je nachdem. Das Fließgeräusch bleibt ähnlich, heftig, ausdauernd und geheim, voller Kraft; zu säubern und zu schleifen.

Rul wird sehr ruhig beim Hinschauen. Vielleicht überträgt sich da etwas auf seinen Blutkreislauf. Heraklit, der vorsokratische Naturphilosoph meldet sich. Sein »panta rhei«, sein »alles fließt« - hier ist es spürbar.

Augenwege

Wenn Rul gegenstandslose Bilder betrachtete, erging es ihm wie bei den Menschen. Manche waren ihm auf Anhieb sympathisch, andere nicht. Jedenfalls auf den ersten Eindruck.

Manchmal versuchte er, sich darüber klar zu werden, warum das so war. Er versuchte, sich die Frage zu beantworten, wie denn das Bild auf ihn wirke. Er wollte Worte finden, die das beschrieben. Düster, unheimlich, abschreckend, böse, hinterhältig, einladend, freundlich, heiter, anregend, strahlend usw. Er brauchte oft viele Worte dazu, weil das Bild so eindeutig nicht war. Immerhin konnten die Worte die Wirkung eingrenzen, jedenfalls für ihn selbst.

Die nächste Frage setzte schon genaueres Beobachten voraus. Wodurch erreichte dieser Künstler diese Wirkung bei ihm? Jetzt ging Rul dem Farbklang nach, Bildbewegungen, Räumen, Spannungen, Zentren, Kompositionsfragen.

Das führte Rul zurück zur ersten Frage. Er hatte versucht, sich klar zu machen, wie das Bild wirkte und wodurch. Aber warum wirkte dieses Bild mit diesen Mitteln so auf ihn? Gab es etwas Objektives, was im Bild und seiner Aussage lag, oder aktivierte es in ihm als Individuum Vorstellungen, die zu dieser Wirkung führten? Waren diese Vorstellungen das Ergebnis seiner Erfahrungen, seines Lebens, oder regte ihn das Bild zu Gedanken an, die ihm neu waren? Zwang es ihn, aktiv gestaltend zu sehen und zu empfinden? Fragen über Fragen.

Wer war denn dieser Künstler überhaupt? Hatte er mit ihm etwas gemein, einen Konsens, ein gemeinsames Weltbild, eine ähnliche Lebenserfahrung oder -erwartung? Oder bildete er sich das Ganze nur ein?

Rul hatte sich auf einen gefährlichen Weg begeben. In Asien sagt man: »Wer auf dem Tiger reitet, kann nicht mehr absteigen.«

Es gab keine Unschuld mehr. Rul hatte sein Nest verlassen. Jetzt musste er auch gehen.

Er ging viele Wege. Es wurde geradezu ein Bedürfnis, sich immer wieder auszusetzen, sich zu fragen und um Antworten zu ringen.

Währenddessen lief auf einer anderen Ebene die Korrespondenz, der Austausch weiter.

Seine Augen hatten sich angewöhnt zu wandern, gleichgültig, ob ihr »Besitzer« bei der Sache war oder nicht. Sie gingen ihre eigenen Wege, sprangen von einem Farbfeld zum nächsten, tasteten Punkte ab, lösten Linien aus oder folgten ihnen, fanden Brücken und Zusammenhänge, überwanden Gräben und rangen Rul Disputationen ab und führten sie zurück. Sie setzten ihn wieder ins Bild. Dem mühsamen Aufstieg folgte die Erholung, der Rundblick auf dem Gipfel.

Rul begann zu genießen.

Seine Augen hatten zu speisen begonnen, während die Gäste noch geistreich über das Essen an sich, die Geschichte des Speisens in Zusammenhang mit ... etc. palaverten.

»Mach die Augen auf und schau hin.« Diesen Satz wollte Rul wieder häufiger befolgen.

Environment

Rul war Environments von Joseph Beuys begegnet. Er ärgerte sich. Was bildete der sich eigentlich ein, ihm so etwas vorzusetzen? Beliebig war da Gerümpel zusammengetragen. Und er sollte sich ernsthaft mit jemandem auseinander setzen, der ihn doch ganz offensichtlich auf den Arm nahm, der ihn provozieren wollte. Das war ihm gründlich gelungen.

Rul steigerte sich. Er kam in Rage. Es fielen ihm immer neue Argumente für seinen Unwillen ein und immer weniger Schmeichelhaftes für den Künstler - wenn er das überhaupt war. Kunst konnte das ja nun wirklich nicht sein. Kunst ist doch ...

Ja, was ist es denn gleich?

Rul hätte ja weggehen können. Tat er aber nicht. Er hätte sich an ein Buch erinnern können mit über 1 000 verschiedenen Definitionen für Kunst. Tat er aber nicht. Während er sich ärgerte, ärgerte er sich, dass er sich ärgerte. Und während dieses Überärgers musste er zugeben, dass ihn Beuys gefangen hatte. Er war geblieben. Er hatte sich ausgesetzt. Er hatte ihn emotional in Wallung gebracht, so sehr, dass er sich gar nicht mehr so leicht beruhigen konnte.

Irgendwie war er ausgeliefert.

Und während er noch über seine Reaktion nachdachte, rührten ihn die Dinge an, sprachen mit ihm. Ungeordnet zunächst, jedes auf seiner Ebene.

Rul wehrte sich noch, obwohl er neugierig wurde.

Er konnte nicht jede Frage beantworten, das ging über seine Vernunft.

Er versuchte insgesamt zu erfassen, um was es ging. Unversehens war er in den Sog der Environments geraten. Ob er wollte oder nicht, es hatte eine Grundstimmung bei ihm getroffen. Die Einzelheiten verschwanden, die Fragen verstummten. Es ging um den großen Zusammenhang. Ärgerlich, noch widerstrebend, ging Rul innerlich weiter. Er begann nachzudenken.

Und er denkt heute noch nach. Irgendetwas war in ihm angestoßen worden. Er war an die Grenze des rationalen Verstehens geraten und hatte -

das war wohl das Wesentliche - dann nicht die Rollos heruntergelassen. Er hatte weitergemacht. Er hatte losgelassen.

Das hatte er jetzt davon.

Sein Denken zog immer neue Kreise, als wenn ein Stein in ein spiegelndes Wasser geworfen wird. Sie sind nicht mehr aufzuhalten. Man kann sie nur stören.

Rul hatte daraus gelernt.

Er versuchte, ihm Fremdes an Kunstwerken als neuen Steinwurf zu sehen, als Provokation. Er fühlte sich »herausgerufen«.

Plötzlich entdeckte er, dass die Stahlblechplatten Andrés auf dem Boden den ganzen Raum veränderten und sein Verhältnis zum Raum.

Er fühlte, dass er an innere Zusammenhänge rührte, verschlossen noch, aber spürbar. Und er vermutete, dass er selbst hier wieder irgendwo eingekoppelt worden war, wo er sich irgendwann ausgeklinkt hatte.

Rul war auf eine Kraftquelle gestoßen.

Poesie

Rul ist Schnellleser (bei allen Vorbehalten der Rechtschreibreform gegenüber: dass man das jetzt mit drei l schreiben darf, ist ein Vorteil). Er liest »dynamisch«, wie man das so schön nennt. Im Laufe der Jahre hat er sich angewöhnt, Texte wie Skipisten zu behandeln. In großen Bögen fahren die Augen ins Tal, oder sie »wedeln«, und wenn es nicht gar zu steil hinuntergeht, wählt er die Direttissima.

Bei anspruchsvollen Texten wird dann manchmal ein Prinzregentenschwung daraus. Nie wird jedoch der ganz Hang ausgefahren, da der dynamische Leser immer meint oder wenigstens hofft, dass seine Sehbreite so ausgeprägt ist, dass er die wichtigsten Dinge der Umgebung wahrnimmt.

Wie beim Skifahren »trägt es ihn gelegentlich hinaus«, »es stellt ihn auf«, »es schmeißt ihn«.

Im Grund ist diese Methode sehr unbefriedigend. Rul liest die Texte nicht mehr richtig, er sieht sie durch, durchkämmt sie und sucht, ob etwas für ihn Interessantes dabei ist. Dann fährt er langsamer, aber, wie er findet, immer noch zu schnell.

Rul hat seit Jahren begonnen, Bremsen einzubauen, Texte zu lesen, die seine Augen festhalten und sich widerborstig im Gehirn einnisten und nicht weichen.

Er liest Gedichte oder auch Koans, die paradoxen buddhistischen Lehrsätze, die ihn verfolgen und immer wieder entgleiten, wenn er sie zu greifen glaubt.

»Horch auf den Ton der einen Hand.«

Hakuin

»Was ist unser Leben?
Ein Baum am Wege
uns unterzustehen.«

Sogi

»Was ist der Weg -
er liegt vor deinen Augen.«
Wei-kuan

»Wenn ich das Wasser schöpfe,
ist der Mond in meiner Hand.«

Rul schleppt die Sätze mit sich herum. Sie melden sich immer wieder, mal mit Rufzeichen, mal mit Fragezeichen, manchmal nur mit Punkt.

Besonders gerne mag er auch die Haikus, die mit wenigen Worten einen Zustand und eine Situation formulieren können.

»Im finstern Wald
tropft eine Beere.
Das Platschen des Wassers.«
Gochitzu

»Komm in die Hütte
und bring vom Winde mit,
der durch die Fichtenzweige weht.«

Basho

Das Langsamlesen schafft Denkpausen, eigentlich Pausen zu neuem Denken. Mitten im alltäglichen Betrieb tauchen Sätze hoch, fragend, fordernd und neue Wertungen erzwingend. Der Satz von Cesare Pavese ging ihm lange nach:

»Verrà la morte e
avrà i tuoi occhi ...«

»Der Tod wird kommen
und wird deine Augen haben ...«

Er bewirkte, dass Rul Pavese zu entdecken begann und sich mit Übersetzungen herumplagte. Dabei musste er über einzelne Worte nachdenken. Er empfand das als sehr heilsam. Er mochte Sätze wie den von Günter Eich: »Wer möchte leben ohne den Trost der Bäume ...«

Die Gedichte wurden »seine ständigen Begleiter«. Sie waren wie die japanischen Stege, deren Bretter nicht geradlinig über den Bach führen, sondern beginnen, bis zur Mitte verlaufen und dann versetzt weiterführen. Man muss seinen Lauf stoppen, umsteigen und damit kurz verweilen, und kann dann erst weitergehen.

Dieses verweilende Umsteigen führte Rul vieles ins Bewusstsein.

Oguno sta solo
sul cuor della terra
trafitto da un raggio di sole:
ed è subito sera

Jeder steht allein
auf dem Herzen der Erde
getroffen von einem Sonnenstrahl.
Und plötzlich ist Abend.

Salvatore Quasimodo

Museum

Pausen bekommt man nicht geschenkt oder angeboten. Im Allgemeinen gibt es nach der Schulzeit auch nicht mehr das ersehnte Pausenzeichen im Stile des Big Ben, dieses Startzeichen, das hunderte von Schülern von jetzt auf gleich aus tiefster Lethargie zu höchster Aktivität führen kann.

Pausen muss man sich selbst organisieren. Man muss schon Energie aufwenden, wenn man etwas daraus machen will. Gute Vorsätze wollen auch ausgeführt sein.

Warum nicht vornehmen: Einmal in der Woche (mindestens) bin ich in meinem Ort Tourist!

Andere Leute geben viel Geld aus, um anzureisen und anzuschauen, was wir ständig vor Augen haben. Warum nicht - vielleicht sogar mit einem gewissen System - in die Kirche hineingehen, vor deren Portal man zum wiederholten Male vorbeirennt, warum nicht mit Baedecker anschauen, Figur für Figur, Bild für Bild. Man wird erstaunt sein, wie viel man nicht weiß und nicht gesehen hat. Vielleicht tauchen auch Erinnerungen aus der Kindheit auf, falls man so glücklich war, auf einen Lehrer zu treffen, der direkte Anschauung noch für ein Unterrichtsverfahren hielt.

Rul machte es so seit Jahren. Immer wieder war er Tourist, immer von neuem versuchte er Plätze, Häuser, Denkmäler, Kirchen wie zum ersten Mal zu sehen.

Er empfindet es als erholsamen Zuwachs. Und dieses Stehenbleiben, diese Unterbrechung des beruflichen Dauerlaufs zugunsten seiner Bildung braucht er förmlich für seinen Blutkreislauf. Es ist ihm eine liebe Gewohnheit geworden - ebenso seine Museumsbesuche.

Er hat angefangen, einfach hinzugehen, die eineinhalb oder zwei Stunden woanders abzuknapsen. Die waren leicht wieder einzuarbeiten.

Er ging ins Museum und setzte sich einer anderen Welt aus. Zunächst hatte sie ja ihr Eigenleben, wollte erschlossen werden. So ein Raum voller Bilder war wie ein Saal voller brillanter Redner. Alle reden durcheinander, alle sind hervorragend, ganz wörtlich, nur - wem zuhören?

Rul war verwirrt. Er ging einfach einmal spazieren im Museum, wie in einem Park. Er hatte kein festes Ziel. Er ließ sich treiben. Manchmal zog ein Werk ihn an; so ging er hin, ließ seinen Blick darüber streifen und ging weiter. Er fühlte sich erfrischt und hatte nicht das geringste schlechte Gewissen.

Eines Tages entdeckte er auf einem Bild einen Hund, eine unbeschreibliche Promenadenmischung. Rul fand ihn lustig. Bei seiner Museumswanderung sah er plötzlich viele Hunde, die meisten sehr lebensnah und charaktervoll. Er ahnte, dass hier die Meister ihre eigenen Zamperl konterfeit hatten. So kam Beobachtung zu Beobachtung. Manchmal stieg er höher ein. Er verglich einzelne Werke eines Meisters, suchte ihre Lehrer und ihre Schüler, wollte wissen, ob Verwandtes sichtbar sei.

Die Museumsbesuche wurden Rul wichtig. Er tauchte ein in eine ganz andere Welt, konfrontierte sich mit Problemen, die nicht die seinen waren, jedenfalls nicht direkt und im Augenblick, und fühlte sich erholt, wenn er herauskam.

Im Laufe der Zeit wurde er Feinschmecker. Er besuchte volkskundliche Sammlungen, konnte sich einspinnen in Vorstellungen, wie die Menschen damals gelebt hatten, was sie geredet hatten, wie sie miteinander umgegangen waren.

Auch modernen Museen wich er nicht aus.

Auch wenn ihn vieles provozierte, er hatte viel neuen Denkstoff, und mit der Zeit sah er vieles anders.

MACHEN

Fantasie

»Wie wunderbar ist es, wenn wir uns still unseren Gedanken überlassen und zahllose Erlebnisse plötzlich in uns aufsteigen«, las Rul in Yoshida Kenkôs Buch »Betrachtungen aus der Stille«. Es war wirklich sonderbar. Man knobelte an einem Problem herum, wendete die Sache hin und her, im Gehirn ging es zu wie in der Trommel einer Waschmaschine, und plötzlich fiel einem eine Lösung ein. Die war so klar und selbstverständlich, dass man ärgerlich fragte: »Warum denn nicht gleich?«. Oder ein andermal dachte man an etwas herum. Nichts ging vorwärts. Wie leer gefegt waren die Gehirngänge. Man gab auf. Es hatte keinen Sinn. Und wiederum plötzlich tauchte eine Lösungsidee auf, während man schon gar nicht mehr daran dachte, in einem völlig anderen Zusammenhang.

Rul könnte lange darüber reden, wie komisch das mit seinen Ideen war. Die Gedankenblitze verhielten sich wie die echten Blitze. Die Atmosphäre lädt sich auf, und irgendwann entlädt sich das Ganze mit einem riesigen Knall und für alle sichtbar. Ruls Vater war Spezialist für Blitze. Er erzählte immer wieder, dass es kein System gab. Wenn man glaubte, eine Gesetzmäßigkeit entdeckt zu haben, blitzte es das nächste Mal wieder völlig unerwartet und atypisch. Es gab auch den Blitz aus heiterem Himmel. Das ließ - übertragen auf die Gedankenblitze - hoffen.

Die Fantasie ist ein doppelgesichtiges Wort. Manche Leute setzen es gerne negativ ein: »Das sind ja nur Fantasien, Fieberträume, Trugbilder, Traumgebilde.« »Der fantasiert ja nur.« Er verlässt die Realität, es wird unwirklich, entzieht sich der Logik, wird sinnlos. So wird behauptet.

Dass Fantasie etwas Mitreißendes ist, das muss man selbst erleben. Diese großartige Fähigkeit der Spezies Mensch, sich etwas vorzustellen, vor-stellen zu können, ist bewundernswert. Sie wird ja auch mit Recht als Kraft bezeichnet. Einfallsreichtum, Einbildungskraft, Erfindungsgabe zeigen dem Menschen seine extremen Möglichkeiten auf. Gedankenflüge unternehmen zu können, Utopien zu ersinnen, sich Welten von Musik und Bildern zu errichten, Wirklichkeit in Worten zu verdichten, Lösungen für noch so knifflige Probleme in jedem nur erdenkbaren Bereich finden zu können, hebt ihn weit über sich hinaus, verschiebt die Grenzen nahezu ins Unendliche.

»Und doch hast du ihn nur um ein Geringes unter die Engel gestellt ...« (Psalm 8)

Rul sinniert gerne.

Wie könnte doch die Menschheit sein, wie könnten Menschen leben und miteinander umgehen, wenn diesen fantastischen Fähigkeiten und Möglichkeiten eine Ethik der Nächstenliebe zugrunde liegen würde. Es ist schon deprimierend zu sehen, wie viel Fantasie die Menschen aufwenden, um sich zu schaden, wehzutun, zu vernichten oder auch nur zu übervorteilen. Hier wird die kreative Anlage pervertiert, ins Gegenteil verkehrt. Die Fantasie könnte uns helfen, die kurze Spanne Zeit, die wir auf dieser Erde verweilen dürfen, darauf zu verwenden, jedem die Chance zu geben, zu dem zu werden, der er ist, und seinen Begabungen Leben zu schenken.

Die Fantasie ist die Mutter der Kreativität, die Voraussetzung, die wichtigere Hälfte. Kreativität meint nichts anderes, als dass die Ideen, Vorstellungen, Einfälle auch verwirklicht werden.

Rul macht es immer traurig, dass so viele Erwachsene von sich behaupten, sie hätten keine Fantasie, sie wären nicht kreativ. Dabei weiß man doch, dass *jeder* Mensch in der Anlage kreativ ist.

Wer mit kleinen Kindern zu tun hat, sie erleben und beobachten darf, wird leicht das ganze Persönlichkeitsprofil des kreativen, fantasievollen Menschen zeichnen können. Kinder sind sensibel, ihre Sinne sind offen, sie sind neugierig, sie sind flexibel. Neue Situationen reizen sie. Sie wollen sie erproben und erobern.

Sie sind assoziationsfähig, das heißt, es genügen geringe Anregungen und Anstöße von außen, um ihre Fantasie anzustoßen.

Kinder haben Selbstbewusstsein (wenn es ihnen nicht schon abgewöhnt wurde). Rul erinnert sich an eine Unterrichtsstunde in einer ersten Klasse. Die Kinder hatten gemalt und die Ergebnisse an die Wand gehängt. Die Lehrerin stellte die an sich falscheste Frage: »Welches Blatt ist das schönste?« Die Kinder antworteten, im Chor, selbstverständlich: »Meines!«

Sie können sich Dinge auch anders vorstellen. Es ist noch nicht alles festgelegt und etikettiert.

Kinder sind spontan und wollen sich äußern usw., usf.

Wo ist denn das alles geblieben? Dieses prickelnde Gefühl, wenn es im Gehirn knistert, wenn hin und her gedacht wird und mit Gedanken gespielt, dass sich die Schädeldecke hebt, diese Feuerwerke im Kopf, dieses Bewusstsein, ich kann etwas Neues denken?

Wann und wo haben wir aufgegeben, uns verraten, geistig beerdigt?

Rul weiß, wie stark Rollenzwänge sein können. Diese Angst vor Blamage. Der Erfolgszwang. Die Furcht zu versagen. »Man darf anders denken als die anderen, aber man darf sich nicht anders anziehen«, sagt Marie von Ebner-Eschenbach. Wie oft traut man sich nicht, einmal anders zu denken. Wie wenig Mut hat man, sich ungewöhnlich zu verhalten, Neues zu sagen oder wenigstens sich vorzustellen, wenn die Umgebung zu autoritär ist.

Dabei sind die Fantasie und die Kreativität ein Schatz in jedem Menschen, der jederzeit und in jeder Situation gehoben werden könnte.

Rul war früher der Meinung, sie würden verschwinden und verloren gehen, wenn sie nach der Kindheit nicht weiter gefördert und gepflegt würden. Der grüne Ast würde absterben.

Seit einigen Jahren arbeitet er auch mit Senioren, Menschen, die ihm sehr imponieren. Ein Leben lang haben sie geschuftet, sich abgemüht. Mit Fantasie hatte ihr Berufs- und Familienleben meist wenig zu tun. Ihr Zutrauen in dieses Feld ist entsprechend gering.

Rul wurde oft Zeuge, wie die Fantasie und Kreativität wieder auf- und ausbrachen wie ein Vulkan. Die Brocken flogen gerade so herum, zum Erstaunen und manchmal auch Schrecken der Betroffenen. Solche Vorräte an Eingemachtem hatten sie in ihrem Keller nicht vermutet.

Es war, als wenn man aus Versehen eine Wasserleitung anbohrt.

Rul machte das sehr zuversichtlich. Es war offensichtlich nie zu spät.

Zugegeben, diese so genannten Senioren hätten sicher in ihrem Leben manches anders gestaltet, haben viele Möglichkeiten erfüllter Zeit nicht genutzt in ihrem Leben. Die Ressourcen sind jedoch nicht erschöpft und vertrocknet. Für die Verwirklichung ist Geduld und etwas Lernbereitschaft nötig - es fehlt die lebenslange Übung -, aber die Ergebnisse zeigen, dass dies möglich ist und dass man über seiner Fantasie und seiner Kreativität wieder sehr jung werden kann.

Rul war klar, dass er seine grauen Zellen immer wieder aufschütteln musste wie ein Kopfkissen, damit sie nicht zusammenklebten.

Dazu würde er sich Zeit nehmen müssen.

Dazu wird er sich Zeit nehmen.

Hephaistos

Rul verehrt den italoschottischen Bildhauer Sir Eduardo Paolozzi. Im Garten seiner Familie steht eine etwa 80 cm hohe Plastik von Eduardo auf einer etwa gleich hohen Säulentrommel aus Untersberger Marmor. Er liebt sie sehr. Täglich, wenn er aus dem Hause geht oder nach Hause kommt, geht er daran vorbei. Und täglich ist es, als wenn sie ihm einen geheimen Stups geben würde.

Hephaistos, der Sohn des Zeus und der Hera, kam lahm auf die Welt und wurde deshalb ausgesetzt. Er wurde vom Olymp einfach ins Meer geworfen. Die mitleidige Neride Thetis rettete und pflegte ihn, obwohl er verkrüppelt war. Hephaistos wurde zum Ursymbol für Fantasie. Wie kein anderer konnte er mit Feuer umgehen, er erfand und schuf die Waffen des Achilles, den Brustpanzer mit dem versteinerten Haupt der Medusa, den später Zeus der Athene schenkte. Hephaistos baute aber auch den goldenen Wagen des Sonnengottes Helios und die weit reichenden Pfeile des Liebesgottes Eros.

Von der Arbeit war er schmutzig und voll Ruß, gleichwohl wurde die schönste Göttin, Aphrodite, seine Frau.

Paolozzi zeigt uns Hephaistos mit seiner Behinderung. Mächtig schiebt sich das geschiente Bein nach vorne. Auch der übrige Körper ist mechanisch durchsetzt, wie zusammengeschraubt, zusammengehalten durch technische Teile. Nur die Arme, die Hände und der Kopf sind naturnäher gestaltet. Das Haupt trägt Paolozzis Züge.

Bei genauerem Hinsehen entdeckt man, dass die einem Ingenieurgeist entsprungenen Teile zwischen den Händen, *in* den Händen stecken. Diese Hände haben sie geschaffen und zugleich sind sie durch sie gefesselt, festgesteckt.

Hephaistos ist eine Symbolfigur, wie sich die Fantasie immer wieder über die Gebundenheiten hinwegsetzen kann, über Gebrechen und Zwänge. Sie steht für die wunderbare Fähigkeit des Menschen, etwas Neues zu denken.

Wenn Ruls kleine Tochter Franzi auf der Plastik herumsteigt, meint er zu spüren, wie die Fantasie immer weiterwandert, in jedem Menschen ein neues Gehäuse sucht mit neuen Möglichkeiten - und auch finden könnte, wenn wir es wirklich wollten.

Das Kino im Kopf

Rul hatte ein Entdeckung gemacht. Er hatte ein Kino im Kopf. Auf Klick konnte er einen Film abfahren, ganz klar und deutlich, mit vielen Einzelheiten.

Er konnte sich zum Beispiel vorstellen, was an seinem zehnten Geburtstag los war. Und, klick, lief der Film. Oder wie er mit dem Schiff nach San Francesco al Deserto bei Venedig fuhr, oder wie er beinahe in eine Lawine geriet, oder der erste Schultag seines Sohnes, oder die Geburt seiner Tochter.

Er hatte einen unermesslichen Vorrat an Filmen, Tausende, er konnte sie nicht schätzen, geschweige denn zählen.

Rul hat diesen Vorrat viel zu wenig angetastet. Er war »too busy«. Er hatte keine Zeit für einen derartigen Luxus. Das war ziemlich dumm. Jetzt merkte er erst, welcher Schatz da in ihm lag. Es war ein lieber Sport geworden, bei sich ins Kino zu gehen.

Rul war immer wieder verblüfft, wie lebendig und realistisch Einzelheiten, Situationen, Personen, ja Gespräche abrufbar waren.

Er hatte das schon einmal sehr eindringlich in Südtirol erlebt. Er war mit seinen Studenten in Tramin und besuchte die ehrwürdige Kirche von St. Kastelaz. Sie war versperrt. Man fand den Mesner im Haus nebenan. Etwas schwerfällig ging er mit dem riesigen Schlüssel voraus, sperrte die Türe auf, ließ die Besucher vorangehen und trat dann selbst ein. Er stand mitten im gotischen Anbau, den Kopf gesenkt, breitbeinig wie ein Matrose und erklärte die vielen Fresken, mit allen Einzelheiten. Es war sonderbar, er sah gar nicht hin. Plötzlich bemerkte Rul, dass der Mesner blind war. Ein Blinder erklärte den Sehenden die Fresken.

Auch in seinem Kopf standen die Bilder zur Verfügung. Er konnte sie ablesen und erklären, weil er sie einmal sehr genau erlebt hatte.

Rul war klar, dass alles von der Intensität der Wahrnehmung abhing. Er lernte praktisch an seinen alten Filmen, wie er das Material sammeln konnte für neue.

Noch etwas entdeckte Rul. Er konnte seine Filme gezielt einsetzen. Er hatte echte Vergnügungsfilme, sehr viele. Es gab auch ein Beruhigungsprogramm. Das konnte er benutzen, wenn er nervös war oder Schmerzen hatte. Und nichts konnte ihn hindern, wenn es stickig heiß war, unerträglich fast, sich ein kühles Programm einzulegen, einen Wintertrip.

Rul konnte von sich noch viel lernen. Langeweile war jedenfalls ein Fremdwort.

Denkspiele

Manche Menschen stehen während ihrer Arbeit auf, dehnen und strecken sich, gehen zum Fenster, blicken hinaus, drehen sich in den Schultern, atmen tief ein und machen wieder weiter. Rul macht das auch.

Er kennt aber noch eine andere Art von Gymnastik. Er unterbricht seine Arbeit, spielt ein wenig mit seinem Gehirn, dehnt und streckt sich dort und blickt dabei in ein Fenster nach innen. Er liebt die »Was-wäre-wenn-Spiele«.

Mit großem Amüsement malt er sich aus, was wäre, wenn es die menschliche Sprache nicht mehr gäbe und man sich nur mehr über gesungene Töne verständigen könnte. Der erste Absatz der Hausordnung wäre ein Genuss und das Geraunze des unzufriedenen und aggressiven Kollegen sicher eine beachtenswerte Tonfolge.

Oder: Wenn wir plötzlich die Sprache der Blaumeisen verstünden und sprechen könnten. Abgesehen - abgehört müsste es eigentlich heißen, das Wort bedeutet aber leider etwas anderes - von den sicher interessanten Einblicken in die gegenseitigen Lebensgewohnheiten und die Weltbilder könnte das den Bankrott der Bundespost bedeuten.

Oder: Was wäre, wenn es kein Geld mehr gäbe, keinen elektrischen Strom, wenn jeder sich nur mehr im Umkreis von fünf Kilometern bewegen könnte und es auch keine Kommunikation in einem größeren Umkreis gäbe?

Rul liebte es auch, sich ungewöhnliche Geschenke auszudenken. Das wollte er dem Kollegen schenken zum Jubiläum: »500 000. Zigarette«, »250-mal in Sitzungen das Wort ›Skandal‹ benutzt«, »Die sinnloseste Sitzung des Jahres«.

Das war eine mentale Gymnastik.

Zeichnen

Rul hat sich eine Schachtel mit Bleistiften gekauft, nagelneu. Er ist versessen auf schöne Schreibgeräte, muss man wissen. Zwölf sind es, schwarz mit einem schmalen ziegelroten Ring, in verschiedener Härte und Weichheitsgraden von 4 H bis 6 B. Lustvoll betrachtet er die Pracht, unschlüssig, auf welcher Seite er das Ausprobieren beginnen solle. Er wiegt sie in den Händen, hält sie vor die Augen und riecht daran. Die weichen Stifte riechen ausgeprägter. Ein typischer Bleistiftgeruch, eine Mischung aus Holz und Graphit, ein warmer, anregender Geruch.

Rul entschließt sich, bei den harten Stiften zu beginnen. Sie sind waffenscheinpflichtig. Mit denen hat der Maler Klecksel das Hinterteil des verständnis- und kenntnislosen Kritikers Hinterstich malträtiert.

Unbestechlich, ohne Flausch ziehen sie ihre Linien. Auch bei mehr Druck wird die Linie nicht oder kaum dunkler. Punkte sind hauchfein, aber tief. Das ändert sich kaum auf der H-Seite. Es sind Stifte für glasklares Denken, für logisches Erklären durch die Zeichnung. Die Bewegungsspuren sind fast emotionslos, deutlich, klärend.

Anders beim F-Stift. In der Skala scheint eine größere Treppenstufe eingebaut zu sein. Ein wenig Glut unter der Asche. Das Gefühl muckt auf. Beim HB noch mehr. Und dann geht es dahin. Immer weicher, immer geschmeidiger werden die Linien. Sie atmen mit, vom zartesten Hellgrau bis zum Tiefschwarz geben sie jede Gemütsregung wieder. Rul hat ein merkwürdiges Blatt verfertigt. Wie ein Schnittmusterbogen sieht es aus, mit dunklen Schraffen dazwischen. Schattenzonen in einem imaginären Stadtplan.

Zu der Blechschachtel mit den zwölf Stiften hat er eine neue Beziehung, kumpelhaft, fast als seien die Stifte Komplizen für jede Lebenslage, für jede Mitteilung, für jede Korrespondenz.

Jetzt probte Rul den Ernstfall. Vor ihm stand ein alter, knorriger Apfelbaum, noch ohne Blätter. Bizarr streckte er seine Äste nach allen Seiten, fast wie Gott Shiva mit den vielen Armen. Ein wenig Musik, so meinte er, könnte den Baum in Bewegung setzen, einen alten, holzgewordenen Tänzer zu einer vornehmen, langsamen Pavane verführen. Lange sah Rul ihn an. Ein dicker Stamm teilte sich, zwei Ellen hoch über dem Boden, in drei Äste. Genau verfolgte er den rechten. Nach kurzer Strecke wuchs aus ihm ein weiterer Ast, der in einem engen Bogen nach links führte, parallel zu dem linken, unteren Ast. Der andere rechte führte nach oben, knickte dann nach rechts ab, als wenn er auf etwas deuten wollte. Der mittlere Ast führte steil nach oben, teilte sich dann zu einer Gabel, wie für eine sehr große Steinschleuder.

Ast für Ast, Zweig für Zweig wanderte Rul mit seinen Augen ab, eroberte sie »förmlich« für sich. Er schloss die Augen. Der Baum stand weiterhin da. Er war als Bild in ihn gewandert.

Er wollte ihn zeichnen. Rul entschloss sich zu einem 3B-Stift. Vor dem leeren, weißen Blatt zögerte er. Wo beginnen? Oben oder unten? Er begann mit dem Stamm. Links oder rechts? Er begann rechts. Sorgfältig beobachtend zog er die Umrisslinie des Stammes hoch, links und rechts, übernahm die Teilung, die Krümmung nach rechts, die aufgerichtete Gabel.

Der Baum entstand. Es war tatsächlich dieser Baum geworden, d.h. eigentlich seine Abgrenzung zum Hintergrund. Rul war enttäuscht. Der Baum sah aus wie aus Draht gebogen. Er versuchte den Stamm selbst zu zeichnen, Schuppen für die Rinde. Merkwürdig zusammenhanglos blieb das. Rul zog senkrechte Linien in verschiedener Dichte, nach außen hin enger beisammen. Jetzt wurde der Stamm künstlich, gedrechselt. Rul zeichnete die Rundungen. Er meinte, er hätte ihn mit Elastikbinden umwickelt.

Rul gab das Blatt auf. Es war der Baum, und er war es doch nicht.

Beim zweiten Versuch wollte er von innen nach außen zeichnen, mit 2B. Schließlich meinte er den Baum und nicht seine Grenze. Das Blatt wurde besser, wirkte aber kleinlich, mickrig. Nichts von der Musik, nichts von der Bewegung - einfach eine Fleißarbeit.

Er versuchte es noch einmal. Jetzt fing er Feuer. Er meinte die Kraft des Wachsens zu spüren, die Energie, die hinter der Rinde rann, die Dynamik, die Schübe, die berstende Kraft, kurz bevor die Knospen aufgingen und die Blätter erschienen.

Er zeichnete mit Temperament, manchmal mit zwei Stiften, in jeder Hand einen.

Rul entdeckte etwas Merk-würdiges. Die Zeichnung des Baumes war diesmal nicht so ähnlich wie die anderen beiden, aber dieses Mal war es der Baum, der alte Tänzer, der elegante Griesgram.

Rul zeichnete und zeichnete. Ihm wurde klar, dass er nur mit dem Stift wirklich genau beobachtete. Die Linien, Strukturen, Punkte gaben Rechenschaft darüber, wie redlich er es meinte. Ob er den Baum nur benutzte, um ein schönes Blatt zu zeichnen oder ob er seine Fähigkeiten zur Verfügung stellte, weil er den Baum wahrhaftig verwirklichen wollte. Zeichnen wurde für Rul ein Erkenntnisweg. Sein Darstellen war ein Klarstellen. So war es und nicht anders.

Viele Blätter waren nur für ihn wichtig. Sie waren nicht zum Herzeigen oder sogar Angeben. Es waren seine sichtbaren Denkschritte auf eine Wirklichkeit hin, die ihm zu entgleiten drohte.

Malen

Rul hatte sich einen neuen Malkasten gekauft, einen mit Aquarellfarben. Fast verliebt schaute er ihn immer wieder an. Auch die Pinsel. Drei waren es. Es gab einen in Größe 2, er war sehr schlank, hatte feine Haare, die an der Spitze ein wenig heller wurden. Der zweite hatte die Größe 10. Die Haare, etwa zweieinhalbmal so lang wie beim ersten Pinsel, waren zu einem dicken Büschel zusammengepackt und durch die perfekt und sehr technisch wirkende Blechröhre geschoben, die sich nach vorne verjüngte. Am imponierendsten war der dritte Pinsel. Er hatte hinten einen elegant geschwungenen Holzstiel, Farbe »caput mortuum« (den Namen - »Haupt der Toten« - hat er bei einer so lebendigen Farbe nie verstanden), Größe 14. Da hatte man schon etwas in der Hand.

Rul hielt die Pinsel der Reihe nach in der Hand, wog sie, betrachtete sie eingehend. Die Haare waren noch verklebt, die Spitze hart. Rul tauchte sie ins Wasser. Erst nach einiger Zeit wurden die Haarspitzen weich. Er striff das Wasser am Glasrand ab. Die Spitzen waren wirklich spitzig, wie bei einem japanischen Pinsel.

An den Malkasten traute sich Rul noch nicht so recht heran. Es war zu profan, ihn so einfach auszuprobieren. Das musste schon etwas Besonderes sein.

Der Tag nahte. Es war ein Feiertag. Nach dem Frühstück holte Rul den Kasten und versuchte es nun mit jeder Farbe. Eine nach der anderen kam dran. Es war der reine Genuss. Das kalte Gelb, es zog ihn zusammen, als hätte er in eine Zitrone gebissen; das warme Gelb war, als ob ihn plötzlich die Sonne wärmte.

Rul ließ sozusagen jede Farbe ihre Geschichten erzählen. Der lichte Ocker führte ihn in die Wüste, das Ultramarin entführte ihn ans Meer, das scharfe Grün umrahmte gefährlich Föhnwolken, der dunkle Krapplack ließ einen Kardinal einherschreiten, während die Brauntöne die Toskana im Herbst sichtbar machten, Siena, Umbra.

Rul erinnerte sich, einmal von einem mittelalterlichen Farbenbuch gehört zu haben, einem Symbolbuch für das Leben. Weiß und Schwarz, Leben und Tod, Gelb für das Licht, Rot für das Blut, Blau für den Geist und die Seele, Grün für die Welt und Gold für das ewige Leben.

Rul setzte vorsichtig Farbflecken zueinander. Es war merkwürdig. Manche mochten sich, andere lehnten sich ab. Manche fügten sich zu einem Klang zusammen, andere schepperten. Manche standen nichts sagend, höflich nebeneinander. Andere begannen sofort ein Gespräch, manche spröd-eintönig, andere munter und lebendig.

Rul wurde zum Forscher. Ihn interessierte diese Sprache der Farben. Er stellte sich Musik vor, die dazu passte. Instrumente. Vokale.

Orgel zum Beispiel. Er schwankte zwischen Rot und Violett, so einem satten Rotviolett. Zu Gelb setzte er Geige und Flöte. Es wurde schwierig, blieb aber spannend. Er war bei diesem Spiel in einen Bereich vorgedrungen, in dem nicht die Bedeutung wichtig wurde.

Rul versuchte sich darüber klar zu werden, welche Farben er lieber mochte und welche nicht - wenigstens in diesem Augenblick. Offensichtlich hatte er Lieblingsfarben und andere, die ihm gleichgültig waren bis unangenehm.

Farben versetzten ihn in Stimmungen. Er begann sein Zimmer zu beobachten, seine Kleidung. Seine Frau bewunderte er, wie sicher sie Farben komponierte, nicht nur als Klang in sich, sondern auch in Verbindung mit der »Tagesstimmung«.

Rul wurde hungrig nach Farbklängen. Er sammelte sie, wie andere Leute Schmetterlinge, d.h., er mischte Farben und setzte sie nebeneinander.

Schon das Mischen. Natürlich wusste er, dass Gelb und Blau gemischt Grün ergibt. Aber erst einmal machen. Die zwei so verschiedenen Farben - verheiratet - bekommen so ein Kind! Und was hieß Gelb und Blau. Was wurde das, wenn er kaltes Gelb mit warmem Blau mischte und umgekehrt, mit mehr Wasser oder weniger.

Das Experimentierfeld wurde immer vielfältiger und die Klänge wurden es auch. Manche gaben sich festlich, andere besinnlich, nachdenklich, andere wiederum kränkelten vor sich hin. Poetische Titel fielen ihm ein: »Ein paar schöne Farben in einer schmutzigen Welt« - »Tod im Frühling« - »Aufkeimendes Gelb«.

Er erinnerte sich an die Farbgeschichte vom »roten Fleck«. »Er wächst in einer ganz ungewöhnlichen Umgebung auf.« Rul setzte die wunderlichsten Farbtupfer aneinander und mitten hinein den roten Fleck. »Er ist ins Wasser gefallen« - »Er schmückte sich« - »Er trifft sich nachts mit seiner Freundin« usw. usf. Rul holte sich Bücher von Paul Klee und Joan Miró. Irgendwie kam er ihnen näher.

Nun blickte er hinaus und war verzweifelt. Vor dem Fenster stand ein riesiger Ahorn. Er hatte noch keine Blätter. Der Stamm leuchtete matt mit einer Vielzahl von Grau-, Graugrüntönen, hell und dunkel, kalt und warm. Der Himmel schien durch die Äste, auch nicht einheitlich. Direkt neben den Ästen schien er dunkler zu sein. Sonst strahlte er in hellstem Beige, Rosa, Hellblau, Weiß und sonst noch in zig Tönen.

Was hatte das mit der eben erlebten Zauberwelt zu tun? Und können würde er das nie. Er war dabei, aufzugeben.

Wieder sah er aus dem Fenster. Auch der Baum und der Himmel hatten einen Klang oder viele Klänge. Rul probierte auf seinem Papier. Es wirkte unruhig. Er versuchte sich klar zu werden, wie der Baum auf ihn wirkte. Er suchte Farben, die das wiedergaben.

So arbeitete er sich langsam an die Aufgabe heran. Er beobachtete, überlegte, probierte, korrigierte. Er schlich sich mit dem Pinsel an und eroberte den Baum, nicht indem er ihn wiederholte, sondern indem er sich klar wurde, welches Bild er selbst eigentlich von dem Baum hatte.

Rul gewöhnte sich an, so zu arbeiten. Aus Klängen entstand sein Bild, nicht aus einer kolorierten Wiedergabe des Objektes. Er wurde sensibler und sicherer. Er entdeckte auch die Schattenseiten, die sterbende Natur, das gefährdete Wasser, den Smog. Auch dafür fand er Klänge. Manchmal malte er mit dem Rücken zum »Thema«. Er wandte sich um, um lange zu schauen. Einmal versuchte er, 15 Minuten nur hinzusehen, bevor er den Pinsel in die Hand nahm. Dann wandte er sich seinem Blatt zu und malte, bis es nicht mehr weiterging. Es fiel ihm so leichter, zu sehen.

Und wenn es einmal gar nicht lief, fing er wieder ganz einfach mit seinen Farbflecken, seinen Klängen an. Da spürte er deutlich, dass die direkt mit ihm zu tun hatten.

Farbklänge

Rul brauchte dringend wieder einmal eine Verschnaufpause. Er fühlte es, dass er für sich etwas organisieren musste, eine Erholung, eine Wohltat für sich. Er musste ausspannen und anspannen. Er fühlte sich überzogen und zugleich unterfordert.

Er legte Sigi Schwabs CD »Meditation« ein. Das erste Stück dauert über 16 Minuten. Es heißt »Suche nach Unendlichkeit«. Rul hörte es in Ruhe an. Es führte ihn durch weite Räume. Es war wie Fliegen. Oder ein anderes Bild fiel ihm ein. In der Südsee war er einmal mit einem Boot mit Glasboden gefahren. Fasziniert beobachtete er, wie aus dem dunklen Raum Felsen auftauchten, voller bunter Geheimnisse, voller Pflanzen, und wieder verschwanden. Fische zogen vorbei, alles lautlos und trotzdem voller unhörbarer Töne.

Die Musik öffnete Türen und Palastsäle, führte durch weite Landschaften. Rul fuhr zwischen Wolken und Licht dahin. Zeitweilig spürte er seinen Puls; dann war alles nur noch hell und voll Farbe. Jetzt wurden die Räume kosmischer, auch die Klänge erhabener, breiter, festlicher. Aus dem Fliegen wurde ein Schreiten. Rul verlor das Gefühl für oben und unten, es war dasselbe. Es waren cusanische Bilder, die Coincidenzia oppositorum; Gott ist sowohl groß als auch klein, er ist nichts und alles, hell und dunkel. Rul sah sich in zwei gegenüberstehenden Spiegeln, immer wieder spiegelte sich der eine im anderen. Es war der Inbegriff des Unendlichen.

Rul hatte das Gefühl, als sei er umgepolt worden. Er fühlte sich frei. Er konnte wieder denken und schauen, oder besser umgekehrt. Er schaute und dachte. Rul nahm seinen Malkasten. Immer wieder hörte er das Stück und bedeckte dazu Blatt um Blatt.

Es waren nur Farbklänge, die er baute, aus großen und kleinen Farbflecken, aus Punkten und Farbbahnen. Sie führten ihn durch Regionen des Wassers. Blau und Violett, Dunkelgrün waren die Bereiche. Als wenn er ins Meer tauchte. Dann waren es Wanderungen durch die Wüste. Alle Brauntöne wurden lebendig, Schwarz, Rot, etwas Grau. Der Malweg führ-

te weiter in die Vegetationen. Wie im tiefsten Dschungel sah es auf diesem Blatt aus - mit Blütentupfern und gefährlichen Tiefen. Dann näherte sich Rul dem Reiche des Lichts. Es wurde nur hell durch die Nacht. Eine große Spannung entstand, Strahlungen, Strahlen und Äonen des Dunkels. Rul spannte die Farben zwischen die Pole - Weiß und Schwarz - Leben und Tod. Immer deutlicher entstand in seiner Vorstellung ein Farbkosmos. Er malte immer weiter, hörte, malte, hörte, schaute, sah.

Es war ein merkwürdiger Vorgang. Während er sich den Farben überließ, hörte er »ungenau«, während er hörte, sah er »ungenau«. Er war in einem Zwischenraum angelangt, ein Bereich, in dem die Träume wohnen. Sie tauchten auch auf, zeigten sich, verwandelten ihre Erscheinung. Es war wie eine Trance.

Als Rul den Pinsel beiseite legte, kam er von weit her. Ihn erstaunten seine Blätter. Er hatte so noch nicht gemalt. Viele Details waren entstanden ohne rationale Abwägung. Musik war zu Farbe geworden, zum Farbklang.

Antonios' Flöte

Antonios, der Instrumentenbauer aus Kreta, hatte unter der aufgeklappten Sonnenblende seines Autos immer ein paar Rohrflöten stecken. Sie waren dünn wie der kleine Finger, tönten aber unerhört voll und kräftig. Wenn ihm danach war, griff er eine davon und spielte sich davon. Er versank, verschwand in seinen Melodien und Rhythmen (mit dem Ringfinger klopfte er raffiniert einen Takt dazwischen, um den er die Melodie rankte). Wenn man Antonios länger kannte, war seine Stimmung in seinem Spiel deutlich hörbar. Er konnte grimmig spielen und traurig, erregt und nachdenklich.

Rul war sehr beeindruckt.

Er wusste aus eigener Erfahrung, was Musizieren bedeuten konnte. Er saß oft lange am Klavier und »regte sich ab«. Trauer, Melancholie, Freude, Erwartung, alles wird noch tiefer mit Musik. Wie in Trance konnte er dann nach Noten spielen (sicher nicht besonders gut, aber bei geschlossener Tür war es zu verantworten), Seite um Seite. Sein Gefühl war der Basso ostinato.

An solchen Tagen konnte er manche Stücke besonders intensiv erleben, das Stück von Chopin mit dem Tonartwechsel, der wie in eine andere Gemütswelt führt, oder das Adagio von Mozart, wo die drei tiefen Töne an der einen Stelle klingen, als würde der Tod persönlich anklopfen.

Musik hören ist *eine* Sache, musizieren eine andere.

Musizieren mit *anderen* ist dann erst noch etwas Besonderes.

Rul denkt noch mit Rührung an die Geduld, mit der der große Sigi Schwab mit ihm in Dänemark Gitarrenduette spielte. Er war aufgeregt, und es hat ihn auch ein paarmal »hinausgetragen«. Aber glücklich war er auch. Es ist vielleicht oft nicht so sehr die Perfektion, es ist das Miteinander. Ruls Sohn Egid ist ein viel besserer Gitarrist als er. Wenn sie zusammen spielen, haben sie das größte Vergnügen. - Klingen muss es.

Könnte es sein, dass uns die Musik deshalb so wichtig ist, weil bezeichnenderweise das Wort Person von personare (= hindurchklingen) kommt?

Gut musizieren kann nur, wer auch etwas zulässt, ganz gegenwärtig ist und natürlich auch etwas kann.

Die verdichtete Wirklichkeit

Rul war mit dem Auto im Troodos-Gebirge auf Zypern unterwegs. Der Linksverkehr war ein wenig aufregend. Er musste sehr auf die Straße achten. Allmählich verlor sich der Verkehr. Es ging immer höher hinauf. Noch war das Wetter schön, doch am Horizont zogen sich dunklere Wolken zusammen. Es würde wohl noch ein Gewitter geben. Es war eine felsige Landschaft, oben standen vereinzelt Bäume. Das Ganze wirkte karstig. Die Farben waren unauffällig, fein aufeinander abgestimmt. Manchmal brachen aus den Felswänden - wie ein »Wasserfall« - Erden, sehr farbig, gelb, ein leuchtendes Rot, ocker. Die Grundstimmung war pastellfarben. In allen Farben schien ein wenig Grün zu stecken. Es war eben die Kupferinsel. Seit der Antike hatte man das wertvolle Metall abgebaut, wahrscheinlich schon vorher. Die Vorzeitfunde in den Museen bezeugen das.

Allmählich kamen Rul und seine Frau nach oben. Die Felswände wichen einer bewegten Landschaft mit spannenden Aus- und Durchblicken. Das Licht hatte sich sehr verändert. Es war dunkler geworden. Dunkel kamen die Wolken daher.

Plötzlich hatte Rul das Gefühl: Da war ich schon einmal, das kenne ich. Déjà-vu, schon einmal gesehen. Das war aber nicht möglich. Trotzdem. Woher war ihm all das so geläufig?

Er bemühte sein Gedächtnis. Natürlich gab es Landschaften, die so ähnlich aussahen, aber das war es nicht.

Da tauchte aus heiterem - das Attribut passte jetzt gerade nicht - Himmel der Name »Jacob van Ruisdael« auf. Jacob van Ruisdael. Das war es. Das wunderschöne Bild »Sandhügel, mit Bäumen bewachsen«. Hier war es. Die gleichen Farben, dieselbe Stimmung. Rul war sozusagen im Bilde, und das ganz realistisch. Er fühlte sich sehr wohl. Die viele Zeit, die er schon in der Alten Pinakothek in München vor diesem Bild verbracht hatte, wurde noch einmal - auf einer ganz realistischen Ebene - lebendig. Das war sehr schön.

Die Fahrt ging weiter - offensichtlich in jeder Weise. Nach kurzer Zeit wieder ein kleines Aha. Es war, wie wenn Rul eine Kunstgeschichte durchgeblättert hätte. Die »Sommerlandschaft« von Gustave Courbet näherte sich - eine leicht geschwungene Landschaft, links eine Felsformation, daneben ein paar Bäume, der Himmel grau - wie in Wirklichkeit.

Es wurde ein neues Spiel. Rul war real gegenwärtig und zugleich träumten seine kunstgeschichtlichen Kenntnisse mit als verdichtete Wirklichkeit, die das, was er sah und erlebte, noch gegenwärtiger, noch wirklicher machten.

Es waren ungemein anregende Momente. Rul begann diesen Zustand zu lieben. Vor allem die Wolken lieferten die schönsten kunstgeschichtlichen Träume mit zu den sinnlichen Genüssen, zu den Sensationen, die real da waren, die Geräusche, die Gerüche, das Begreifbare. Mal war es Monet, dann wieder Pissarro oder Cézanne. Die feinen Farben von Corot oder Manets Impressionen von Argenteuil. Es konnte aber auch ein eiskalter, grauer Himmel sein, der wie ein Tuch über dem Wasser hing. Xaver Fuhr hatte solche Farben verwendet.

Lyrisch, dramatisch, fast kitschig, kalt, warm, dämmerig - jede Stimmung war möglich. Dabei durfte Rul nicht den Boden unter seinen Füßen verlieren. Es wurde ihm aber klar, dass da in ihm ein Resonanzkörper in Bewegung geriet, der ganz außerordentlich wohltuend war.

Er konnte ins Schwärmen geraten, wenn sich die Wolken um die Sonne aufbauten, wie in der »Alexanderschlacht« von Albrecht Altdorfer. Oder wenn sich die flache Landschaft nach hinten schichtete und drüber ein Licht- und Wolkentheater aufgeführt wurde.

Das waren wirklich schöpferische Pausen in einer schönen Gegend zusammen mit den verehrten Kolleginnen und Kollegen aus der Kunstgeschichte.

Er war schon ein Glücksvogel: Ein Logenplatz in diesem Theater!

Schreiben

»... wird wachen, lesen, lange Briefe schreiben ...« (Rilke)

Rul kannte das. Es gab Tage, vor allem Abende, späte Abende, Nächte, da musste er schreiben.

Ein unwiderstehliches Gefühl trieb ihn, Seite für Seite mit Worten zu bedecken. Gedanken zu formulieren, zu ergreifen, einzukreisen, zu klären.

Rul führte keine Tagebücher. Er bewunderte und beneidete Menschen, die sich so ihren Büchern anvertrauten, ihre Biografie, ihre Wünsche, Beobachtungen, Nöte in Buchstaben umsetzten.

Er hat es oft versucht. Es kam ihm albern vor, leer, schal oder unangemessen, auch überheblich. So landeten alle seine Versuche im Papierkorb.

Anders auf Reisen. Da schrieb er.

Nicht dass das Schreibergebnis jetzt bedeutender gewesen wäre. Jetzt hatte es mehr ökonomische Gründe. Die vielen Eindrücke, die Erlebnisse, die Menschen, ihre Namen und Bezüge, die Daten und Fakten drohten seinen Kopf zu zersprengen. Wenn er nicht schrieb, hatte er, wie die Medienleute sagen, Salat im Kopf, Datensalat. Alles geriet durcheinander. Als Erstes das Zeitgefühl, dann die Erinnerung.

So hatte er sich angewöhnt, teils schon tagsüber, spätestens abends alles aufzuschreiben.

Es war ihm so sehr zum Bedürfnis geworden, dass er unglücklich war, wenn das einmal nicht möglich war. Es war, als wäre er beim Joggen einen Hang hinaufgelaufen und nun auf einem Gipfelplateau angelangt. Er konnte ausschnaufen, sich erholen. Der Blick zurück zeigte noch einmal die Route, den Weg, die Schwierigkeit, der Blick nach vorne die neue Strecke.

Jetzt, im Augenblick, hatte er aber wirklich Boden unter den Füßen. Er stand mit beiden Füßen da.

So hat Rul viele Bücher gefüllt. Er liest gerne in ihnen. Über die Fakten hinaus ist doch viel Stimmung eingeflossen. Oft stellte er bereits am Ende einer Reise fest, wie vieles er schon vergessen hatte. So tauchte alles wieder auf, wurde lebendig und noch einmal erlebbar.

Einen unübersehbaren Vorteil hatte dieses Schreiben zudem. Wenn Rul am Abend alles notiert hatte, war hinter ihm sozusagen Ordnung. Die Ablage funktionierte. Er hatte am nächsten Tag den Kopf wieder frei, konnte, ohne durch ein Chaos von Eindrücken und Zuständen waten zu müssen, von vorne erleben.

Der Überdruss trat nicht mehr auf, auch nicht bei langen Reisen.

Anders war das beim Schreiben an den »Herbstabenden« das ganze Jahr über. Yoshida Kenkô beschreibt es treffend in seinen »Betrachtungen aus der Stille« (Tsure zu regusa). Man fand sie nach seinem Tod. Sie dürften um 1330 entstanden sein.

»Wenn ich allein und in Muße bin, sitze ich den ganzen Tag vor meinem Tuschkasten und schreibe alles, was mir durch den Kopf geht, ohne Zusammenhang und ohne eine bestimmte Absicht auf. Dabei ist mir immer recht wunderlich zumute.«

Rul liebte dieses wunderliche Gefühl. Es war ein Gefühl zum Teetrinken. Und dann - schreiben, schreiben.

Er dachte an liebe Freunde und Bekannte. Er wollte mit ihnen in Verbindung treten.

Rul schrieb dann Briefe, bergeweise. Briefe und Zeichnungen und Skizzen. Briefe mit Berichten und Überlegungen. Briefe mit Fragen und dem Ersuchen, Anteil nehmen zu dürfen.

Das konnte Stunden dauern. Mitternacht war dann immer vorbei. Er war müde, sehr ruhig, ausgeglichen. Das Schreiben hat die Zeit etwas angehalten, hat den Fluss gestaut, hat ihn vielleicht für den Augenblick tiefer werden lassen.

Dann durfte alles wieder fließen.

Lesen

Rul fragt gerne Leute: »Wo lesen Sie?« Er bekommt die aufschlussreichsten Antworten. So richtig auf dem Stuhl liest anscheinend niemand, in der Hängematte (quer durchs Zimmer), auf der Chaiselongue, im Bett, auf dem Boden, im Sessel, überall, bloß nicht auf einem normalen Stuhl.

Rul gehört zu den Menschen, die nicht gesittet auf einem Stuhl sitzen können. Er hängt sozusagen auf ihm, nimmt ihn leicht schräg. Am liebsten sitzt er in dem alten Ohrenbackensessel. Ihn nimmt er quer. Das Ambiente ist chaotisch. Berge von Büchern liegen außen herum, Stöße von Zeitschriften und Zeitungen. Er selbst ist im Sessel und in sich versunken. Er schmökert sich durch. Bestens gelaunt pickt er in den Büchern herum und »ist gerne da«.

Kein ernsthafter Mensch benimmt sich so. Und für Schriftsteller sind die Querleser ein Gräuel. Da füllt man mühselig Seite für Seite, und dieser ungebildete Hammel strengt sich nicht einmal an, ebenso den Fluss der Gedanken zu verfolgen.

Das kann sich übrigens schlagartig ändern. Irgendwo liest Rul sich fest, es wird spannend, er vergisst das Chaos außen herum, übersieht, dass er noch einige Bücher auf dem Schoß hat und Zeitungen auf den Knien. Übertragen verhält er sich wie der Bibliothekar auf der Leiter bei Spitzweg, zwischen den Knien und unter dem Ellenbogen hat er die eingeklemmten Bücher vergessen, weil er sich festgelesen hat.

Rul vergisst die Welt, Essen und Trinken, er liest. Auch ohne Reise ist er auf seiner Insel angekommen und hat auch ein Buch gefunden, das man gemäß Umfragen dorthin mitnehmen muss.

FINDEN

Wörter

Er hatte sich angewöhnt, über Wörter nachzudenken. Mitten im Satz unterbrach er den Fluss der Worte, pickte eines davon auf und sah es sich genauer an. Was benutzte er denn da als Vehikel seiner Gedanken? Warum sprach er von »Erziehung«? Er-ziehung. Rul dachte mit Bindestrichen. »Ziehen« bedeutet doch schon, dass es schwer geht. Der Widerstand muss berücksichtigt werden. Niemand muss gezogen werden, der freiwillig mitgeht. Ochsen ziehen ein Fuhrwerk, ein Gärtner zieht einen Spalierbaum, der Opa zieht seine Uhr auf, das ist dann aber was anderes. Unversehens greift er zu den Vorsilben.

An-ziehen, um-ziehen, auf-ziehen und schließlich wieder er-ziehen. Diese kleinen, unscheinbaren Präfixe verändern doch alles. »Er-« ist wohl eine abgeschwächte Form von »ur-«, was von Anfang an, ur-sprünglich meint. Er-ziehen ist jedenfalls etwas sehr Gründliches, vielleicht auch etwas Deutsches. In vielen anderen Ländern wird die gleiche Tätigkeit mit »führen« umschrieben: »education«, »educatione«, »educacion« und die gute alte Pädagogik, das »Führen von Knaben«. Hilfreich klingt das schon ...

Rul sammelte Wörter wie Briefmarken. Es gab unverhoffte Funde, manche suchte er, schlug in Lexika nach.

»Blumenbeet« war vielleicht ein besserer Vergleich.

Die Wörter fingen zu blühen an, wurden lebendig und bestimmten hinfort oft auch den Verlauf der Gedankenflüsse.

Das »Fördern« der Talente der Kinder wurde Rul viel anschaulicher, seit er sich Bergleute vorstellte, die das Erz aus den entlegendsten Höhlen der Mine fördern.

Das »Entwickeln« konnte vom Fotografen stammen, der den Film entwickelt, aber ebenso - vielleicht noch nahe liegender - bot sich das Auswickeln von Paketen an. »Ent-« bedeutet eigentlich das Eintreten in einen anderen Zustand. »Entschlafen«, »Entblühen«, oder aber es bedeutet einfach »weg, los, ab« - wie »ent-schuldigen«, »ent-decken«, »ent-lasten«, also die Last wegnehmen??

Manchmal wurde es lustig oder führte im Kreis herum. Die Vorsilbe »ver-« hatte es Rul angetan. Sie führte doch oft in Sackgassen, Labyrinthe, auf Umwege, ins Verderben. Man ver-gisst, ver-irrt sich, ver-schwendet, ver-spricht, ver-krampft, ver-reist (das muss unbequem gewesen sein), ver-liebt sich, ver-läuft sich ...

(Warum heißt es eigentlich »Ver-waltung«?)

Einmal auf der Fährte, durchwanderte Rul die Geschichte von Wörtern, ihre Herkunft, aber auch, wo sich die Verwandtschaft überall herumtreibt. Ein Wort wie »Wein« und wie es sonst noch in anderen Sprachen hieß, ließ einen riesigen Baum vor ihm wachsen, mit fruchtbaren Ästen und Zweigen.

Das neue Steckenpferd zwang ihn - so paradox es bei diesem »Sportgerät« klingt - zum häufigen Verweilen, Fragenstellen, Nachforschen.

Dabei gab es aber noch eine andere Seite.

Wörter haben Stimmungen, Farbklänge, Rhythmen. Rul genoss die Vokale. Sie ergaben eine neue Musik in der Sprache. Er entdeckte Rimbaud und sein Gedicht über die Vokale und Ernst Jüngers »Lob der Vokale«:

Nulla unda
Tam profunda
Quam vis amoris
Furibunda

mit der wunderbaren, in den Vokalen analogen Übersetzung:

Keine Quelle
So tief und schnelle
Als der Liebe
Reißende Welle

Rul hat sich selbst kleine schöpferische Pausen bereitet, zu seiner Freude und seinem Erstaunen.

Die Sprache wurde immer reicher, die Wörter bekamen Tiefgang und Höhenflüge.

O, Oh, Ohm, Sonne, Orgel, rot, tot ...

E (wir schreiben den Buchstaben mit drei Waagerechten): Ebene, Erde, ehern, Ehe ...

Es wurde ein schönes Spiel. Und wie man beim Trödler oder auf dem Flohmarkt wunderschöne Dinge finden kann, ohne zu suchen, so stellten sich zu den Wörtern Zeilen ein, Gedichte, Sätze, die tiefer gingen oder die traurig, die heiter waren wie die Dialektzeilen von Franz Ringseis (die Nichtbayern mögen es verzeihen!):

Die Blaadln foin ro
von daa Ros'n.
Jetzt liegns do,
die Blaadln, die los'n.

Utopia

Bei seinen Spaziergängen hatte Rul an der Mauer eine abgeblätterte Stelle entdeckt. Es gab viele dort, aber diese zog ihn immer wieder an. Auf den ersten Blick sah sie aus wie eine Landkarte, wie Spanien etwa mit Portugal. Sie erinnerte ihn an lange, intensive Reisen. Das nächste Mal meinte er, den Kopf eines Bären zu erkennen. Die kleinen Ohren, die Schnauze mit dem geschlossenen Maul waren deutlich zu sehen. Ein andermal fiel ihm auf, dass er den Fleck immer nur von außen betrachtet hatte, vom Umriss her. Je länger er hinsah, desto deutlicher trat eine Maske zutage mit großem, aufgerissenem Maul und zwei mächtigen Augen. Dann war es eine Spiegelung im Wasser mit dem Mond. Eines Tages schienen die Gesichter zueinander zu sprechen.

Jeden Tag lenkte Rul seine Schritte zu seinem Fleck. Jeden Tag schien er sich zu verwandeln. Immer Neues hatte er zu berichten. Rul dachte an Leonardo da Vinci, der in seinem Traktat von der Malerei vorschlägt, »dass du auf manche Mauern hinsiehst, die mit allerlei Flecken bekleckst sind, oder auf Gestein von verschiedenem Gemisch. Hast du irgendeine Situation zu erfinden, so kannst du da Dinge erblicken, die diversen Landschaften gleichsehen, geschmückt mit Gebirgen, Flüssen, Felsen, Bäumen, großen Ebenen, Tal und Hügeln in mancherlei Art. Auch kannst du da allerlei Schlachten sehen, lebhafte Stellungen, sonderbar fremdartige Figuren, Gesichtsmienen, Trachten und unzählige Dinge, die du in vollkommene und gute Form bringen magst.«

Der Fleck wurde Ruls »Utopia«. Nach und nach kamen andere dazu. Die Mauer wurde lebendig. Ruls Fantasie auch.

Rul dachte nach, was da wohl vor sich ging, was da mit ihm geschah.

Er hatte dies oft erlebt, wenn er im Sommer die Haufenwolken ansah und plötzlich ein Krokodil entdeckte oder einen Mann mit Pfeife. Oder eine Felswand steckte voller Gesichter. Auch in Korkplatten waren oft vielerlei Bilder. Oder die Landschaften in Holzmaserungen. Oder die tanzenden Figuren, wenn er Milch in den Kaffee goss.

Aber, wieso sah er das alles?

Rul spielte gerne Gitarre. Oft hatte er beobachtet und gehört, dass bei zwei gleich gestimmten Gitarren zum Beispiel die D-Saite bei der einen mitschwang, wenn er sie bei der anderen anzupfte.

So ähnlich musste das sein. Die vielen Bilder in ihm gerieten in Schwingung, wenn ein Bild außen damit übereinstimmte. Je mehr Bilder, Melodien, Worte, Vorstellungen jemand in sich trägt, desto eher treten sie miteinander in Verbindung.

Es ist ein wildes Sehen, unabhängig vom normalen Sehen. Es drängt sich geradezu vor und zeigt, dass die Fantasie noch lebt.

Botschaften an der Wand

Täglich ging Rul an einer Wand vorüber, auf der mit kindlicher Schrift stand: »Hallo, ihr«. Er gewann den Gruß lieb, machte einen kleinen Umweg, um ihn entgegenzunehmen, ein wenig gerührt, von jemand Unbekanntem so vertraulich angesprochen zu werden. Er begann, so ganz nebenbei die Wände zu studieren. Nicht so sehr die Graffiti. Die waren ihm zu dominant, zu laut, obwohl da oft Könner am Werk waren, die ihn beeindruckten. Er meinte auch nicht die vielen Namenszeichen, die überall und möglichst oft angebracht davon berichteten, dass Paul oder Tom schon eher da waren.

Rul suchte die stillen Zeichen, die unscheinbaren. Dafür entwickelte er einen Blick. Wie oft sah er, mit Kreide oder Bleistift gezeichnet, ein Kreuz oder einen Stern. Oder das Kreuz mit einem Kreis. In der gesamten Kulturgeschichte taucht dieses Zeichen auf. Der Mensch als Spannung zwischen Waagerechte und Senkrechte, Irdischem und Transzendentem, im Kosmos. In allen Kulturen wurde und wird dieses Zeichen verwendet. In Lissabon stand darunter noch »man« - Mensch. Rul fand den fünfzackigen Stern, manchmal unbeholfen in einem Zug gezeichnet, oder den sechszackigen als Summe zweier sich überschneidender Dreiecke. Die Spirale, die Sonne, das Quadrat und immer wieder Zeichen für den Menschen. Hier wurden unbewusst angeborene Bildmuster ge-äußert, sichtbar gemacht, schnell hingeschrieben, scheinbar nebenbei und doch sehr wesentlich.

Rul dachte nach, was Menschen wohl veranlassen konnte, solche Zeichen zu setzen, zu ritzen, mit dem Bleistift einzuschreiben. In allen Kontinenten hat er sie gefunden, auch auf unseren Mauern, an unseren Zäunen und Haustüren. Ihm war klar, dass er hier auf Elementarzeichen gestoßen war, die wichtig sind in den Mandalas, aber auch in der christlichen Bildmeditation. Es war einmal Bestand christlicher Glaubensanschauung und wurde so sehr vergessen. Vielleicht war Rul auch deshalb so berührt, weil beim Betrachten dieser Zeichen in ihm eine sehr tiefe Schicht angesprochen und lebendig wurde.

Es gab aber auch andere Mitteilungen an den Wänden, die ihn lange nachdenken ließen. In Passau stand ganz klein, mit Bleistift an der Wand: »Tot. Tot«, und dazwischen war ein Kreuz gezeichnet, der Querbalken überdeckte die beiden Worte und war nach rechts unten gekrümmt.

Wer schrieb so etwas? Warum? War jemand tot? War es ein Hinweis, dass wir tot sein werden? »Tot. Tot«. Unter dem Kreuz. Rul wusste es nicht. Er hatte nur eine Botschaft empfangen, die er nicht entschlüsseln konnte, von der er aber wusste, dass sie ihn meinte und betraf.

Woanders stand: »Ingo H. ist tot, aber für mich lebt er weiter. Andy«. Die Schrift konnte von einem Halbwüchsigen stammen. In Berlin, in der Nähe des Bahnhof Zoo, stand sie an der Wand, wie in ein Schulheft geschrieben.

Viele Gedanken stellten sich ein. Warum war Ingo gestorben? Woran?

Dann aber die Hoffnung: »Für mich lebt er weiter.«

Rul fand täglich Neues. Eine Art neuer Gedankenaustausch entstand, eine Form von Gespräch mit einem Partner, der seinen Satz, seine Zeichen einmal gesetzt hat und Rul damit herausforderte.

Es gab aber auch lustige Sätze, wie

V R 2 NICE
2 B 4 GOTTEN.

Es dauerte lange, bis er das Rätsel löste, dann gab er dem unbekannten Partner Recht:

We are to nice,
to be forgotten!

Pfeifen

Rul war einst bei einem englischen Lord eingeladen. Man fuhr lange über Land. Zu dem Herrschaftssitz führte eine alte Allee, das kleine Schloss lag auf einer Anhöhe mit Blick aufs Meer. Der Platz glich einem großen Golfgelände.

Der Lord war ein alter, sehr fröhlicher Herr mit weißen, ziemlich kurz geschorenen Haaren, einer rötlichen Hautfarbe und quicklebendigen, leuchtenden blauen Augen. Er trug voller Stolz seinen alten Schulschal.

Man saß um das Kaminfeuer. Es waren noch andere Gäste da, die Unterhaltung eilte munter dahin. Alles war heiter und vergnügt.

Plötzlich Schweigen. Rul spürte, jetzt passiert etwas Besonderes. Der Lord hatte von einem Wandbrett eine Pfeife ausgewählt, nicht einfach so weggenommen, er hatte sie erwählt, hielt sie liebevoll in der Hand, betrachtete die Maserung, im rechten Winkel zum Holm, geflammt um den Kopf - ein edles Stück. Er hielt sie noch einmal prüfend gegen das Feuer, blies kurz zart Luft durch das Rohr, lächelte und öffnete den Tabaktopf. Es war ein altes Gefäß. Offensichtlich lag ein Apfelschnitz im Tabak und hielt ihn feucht.

Der Lord griff mit Zeigefinger und Daumen der rechten Hand in den Topf, zog den Tabak etwas hoch, lockerte ihn und stopfte etwas davon in den Pfeifenkopf. Was heißt »stopfen«, das Wort ist viel zu plump. Er brachte vorsichtig etwas Tabak in das Loch, legte noch zweimal nach, drückte jedes Mal fester drauf und sog schließlich, zur Probe, Luft durch das Rohr. Seine Lordschaft waren zufrieden. Mit einem langen Span holte er Feuer aus dem Kamin und entzündete die Pfeife. Er hielt den Pfeifenkopf schützend in der linken Hand, der Daumen lief vor dem Kopf vorbei, und zog einige Male, erst energisch, dann sanft.

Schließlich setzte der Lord sich zufrieden in seinem Sessel zurecht.

Niemand hatte gesprochen. Jedem war klar, dass er eben einem Ritual beiwohnen durfte.

Auch seine Lordschaft war nicht erstaunt, dass er so gebannte Aufmerksamkeit vorfand, hatte er doch gerade ein levitiertes Hochamt zelebriert.

Einem Laien kommt das verrückt vor. Rul war kein Laie. Er sammelte Pfeifen. Entzückt konnte er die Eleganz dänischer Pfeifen, die konservative Gediegenheit englischer, die Extravaganz schwedischer, die Frechheit italienischer und die Bürgerlichkeit deutscher Pfeifen ausführlich beschreiben. Er konnte Kulturgeschichte und historische Persönlichkeiten anhand von Porzellanköpfen lebendig werden lassen, amüsierte sich über Pfeifen der Studentenverbindungen und der Soldaten, erklärte ernst die neue Generation der Hasch- und Rauschgiftpfeifen und schwärmte für afrikanische, asiatische, südamerikanische Rauchgeräte. Viele hielten ihn wohl für verrückt. Das in einer Zeit, in der »der Gesundheitsminister warnt ...« Wie gesagt, eine Laie kann das nicht verstehen.

Rul rauchte nicht viel. Er rauchte sogar so selten, dass er es sich nicht abgewöhnen wollte. Oft nur eine Pfeife in ein paar Wochen.

Dann war aber Feiertag. Es war das Zeichen höchster Zufriedenheit mit einem Anflug von Glück. Seine Frau wusste das und hatte dann deshalb auch nichts dagegen, obwohl sonst die Raucher gnadenlos ins Treppenhaus oder auf den Balkon verbannt wurden.

»Fumans intelligo«, »während des Rauchens habe ich meine Einsichten«, pflegte er dann zu sagen.

Die Ruhe, die heitere Grundstimmung regten das Denken an, führten zu kleinen Visionen, eröffneten Perspektiven. So ist manche Idee entstanden, die weiterführte.

Dieses sündige Vergnügen wollte er sich auch fürderhin nicht versagen.

Steine

Rul und seine Frau sind Sammler. Das ist nur theoretisch nicht schlimm. Praktisch hat das Folgen, die ein Laie nicht überblickt.

Kulturgeschichtlich liegt die Sammelperiode vor der Zeit, in der die Menschheit sesshaft wurde und Häuser errichtete. Vermutlich hängt damit zusammen, dass beide Tätigkeiten kaum aufeinander bezogen sind. Es wird immer zu viel gesammelt. Die Häuser sind immer zu klein. Natürlich kann man auch kleine Sachen sammeln, aber auch die vermehren sich auf wundersame Weise.

Marielle und Rul sammeln u.a. Steine. Die kleinen nehmen nicht viel Platz weg, gehören aber mittlerweile zum Haushalt. Es gibt viele Steine, die Geschichten erzählen könnten. Die Besitzer erzählen sie für sie. Steine von einer bestimmten Bucht am Mittelmeer, aus den Anden, aus einer berühmten Höhle, antike Steine, Steine aus dem Meer und aus Baugruben. Sie ergeben zusammen ein buntes Bild, eine Großfamilie mit sehr individuellen Einzelmitgliedern.

Ein anderes Kapitel sind die Mineralien und die Edelsteine. Sie sind zum Teil außergewöhnlich schön: die wunderbaren Bergkristalle, die Amethyste, die Granate, Achate, Opale, die Lapislazuli (was ist das doch für ein wunderschönes Wort!) usw. Die haben im Allgemeinen keine Geschichte, sie sind einfach schön.

Rul träumt - wie wohl jeder Steinsammler - den Traum, einmal so einen schönen, großen Kristall zu finden, wie gelegentlich Kinder mit einem Riesensteinpilz abgebildet werden. Bis jetzt blieb das ein Wunschtraum. Außer einigen Quarzdrusen und einzelnen kleinen Kristalleinsprengungen war er glücklos.

Eine Ausnahme, die ihm immer in Erinnerung bleiben wird, war ein Besuch in der Calamita-Mine auf Elba. Riesige Ecken mit Pyriten blendeten ihn im Sonnenlicht. Dann gab es aufregende Flächen mit Malachiten und Azuriten. Es war ein Zauberreich.

Die Minerale und Edelsteine waren aber auf eine andere Art lebendig. Sie hatten alle ihre Aura. Der Bergkristall brennt sich geradezu in die Hand ein. Man spürt ihn noch lange, wenn man ihn schon weggenommen hat. Rul besitzt eine Scheibe mit Loch in der Mitte aus einem Azurit-Malachit-Gemisch. Wenn er sie auf die Hand legt und die andere wie ein Dach flach darüber hält, spürt er den Ring plötzlich oben wieder. Er hat sich hochgestrahlt.

Man muss ganz ruhig und aufnahmebereit sein, um das zu spüren. Dann bemerkt man die verschiedenen Temperaturen der Mineralien und ihre Wirkkräfte. Kein Wunder, dass man früh versucht hat, sie Sternbildern und bestimmten Zahlen zuzuordnen.

Rul, der alte Romantiker, liebt einige Stücke der Sammlung besonders.

Wenn eine Sternschnuppe in die Erdatmosphäre eintritt, verglimmt sie, verbindet sich aber mit der Materie, in der sie verglüht zu einer neuen Substanz. Man nennt die neuen Gebilde Tektite. Sie schauen unscheinbar aus, vernarbt, manchmal wie Bombensplitter. Und trotzdem waren sie einmal Sternschnuppen.

Dann besitzt er noch zwei Meteorite. Ein bisschen schauert ihn, hier ein Material in Händen zu halten, das nicht von dieser Erde stammt und das vermutlich älter ist als die Erde.

In Zeiten der allgemeinen Arbeitswut und der Maßlosigkeit wegen Terminen, Telefonen, Telefax und Co. nimmt er so ein Stück in die Hand.

Buchläden

Rul hatte ein gefährliches Vergnügen. Er weilte gerne in Buchläden. Man sah das der Wohnung an. Überall standen, lagen, lehnten Bücher. Ein Handwerker fasste, sehr entsetzt, seinen Eindruck lapidar zusammen: »Bücher sind wohl Ihr Hobby?«

Wenn es nur das wäre. Ein Steckenpferd kann man in die Ecke lehnen, eine Zeit lang nicht beachten, vernachlässigen.

Mit Büchern geht das nicht. Sie sind da, fordernd, sich anbietend, Einsicht, Nachsicht, Umsicht heischend. Und sie haben einen ausgeprägten Vermehrungstrieb. Er ist nicht wirklich zu befriedigen.

Rul schlug Buchhändlern schon vor, sie sollten für gute Kunden weit außerhalb der Stadt Häuser mieten mit vielen Zellen und Regalen. Wie in Mietshäusern die Kellerabteile, könnte man so, in der Sommerfrische, Bücher einstellen, die man sehr selten braucht. Aber erstens macht kein Buchhändler das, obwohl die zu Hause dann leeren Regale unwiderstehlich gefüllt werden müssten und das somit ein Geschäft wäre, und zweitens gibt es kein Buch, das man selten braucht, ja das man dann nicht sofort bräuchte, wenn es weggestellt ist. Rul weiß, wovon er spricht. Das benötigte Buch ist sehr häufig am anderen Ort.

Wie oft hatte er sich vorgenommen, die Regale durchzusehen, um überflüssige Bücher herauszunehmen, sie zu verschenken, auf Flohmärkten zu verkaufen. Er fand kaum einzelne Bücher, auf die das zutraf. Sein Gewissen war der Belastung nicht gewachsen. Er gab regelmäßig auf und stellte die paar Bände wieder ein.

Vor diesem Hintergrund erschien Ruls Vergnügen, sich in Buchläden zu vergraben und zu schmökern, unverständlich, ja lasterhaft.

Er mochte sich vornehmen: Heute gehe ich vorbei. Ein Buch im Schaufenster, die Kisten mit den verbilligten Ausgaben ziehen ihn an. Wie ferngesteuert lenkt er den Schritt in das Geschäft und das Spiel begann von neuem.

Es war aber wirklich ein Vergnügen, in Büchern herumzublättern, Waschzettel, Gliederungen und Bibliografien zu studieren, auf Gebieten, mit denen man sonst nicht in Berührung kam. Geografie wurde spannend, Theologie lebendig, er verfranzte sich in Geschichte, entdeckte einen Lyriker und schon saß er wieder in der Falle.

Irgendwie hatte dieses Herumschmökern etwas Befreiendes. Rul spürte das deutlich. Er war ohne die übliche Zielrichtung. Er war entzweckt. Das Wort ist ebenso scheußlich wie »verzweckt«, meint aber das Gegenteil. Da laufen dann Bücher mit nach Hause, die im Augenblick gar nicht nötig sind, aber eines Nachts, eines Abends sind sie dann präsent ...

Jedenfalls, Rul hatte wieder ein paar Bücher unter dem Arm, las sich in der S-Bahn schon fest und war froh, wenn er in Pasing rechtzeitig ausstieg.

Während normale Buchläden einfach gefährliche Fallen darstellen, entsprechen Buchantiquariate den Spielhöllen. Hier gibt es kein Zurück. Welten tauchen auf, Autoren, längst vergessen, bibliophile Ausgaben, Erstausgaben, besonders schön illustrierte ... Manchmal »schützt« einen der Preis, aber nicht immer.

Rul hat hier aber schon manchen Fund getan, den er nicht um alles in der Welt wieder zurückgeben würde.

In fremden Wohnungen genügt ein Blick ins Bücherregal, um einschätzen zu können, wie die nächste Stunde verlaufen würde. Rul kam eines Tages in Solothurn in die Wohnung eines Kollegen. Ein Blick und er wusste, *den* mag ich. Lauter alte, liebe Bekannte standen da herum.

Aber, Spaß beiseite, sind sie nicht ein Genuss, diese Bücherinseln? Sie kommen gleich nach dem Sandstrand mit Palmen. Für Rul davor.

Und dass die Bücher Geld kosten? Das war eine Folge der Erbsünde.

Flohmärkte

Flohmarkt! Dieses Wort entzündet bei manchen Menschen ein gefährliches Feuer. Es ist ein magisches Wort, eigentlich ein magnetisches. Einmal gehört, gibt es kein Entrinnen. Jedenfalls nicht für Rul und seine Frau.

Es mag Gegner geben. Die Anwohner sind es wohl meist. Es mag Gleichgültige geben. Und Besessene. Rul und seine Frau kennen nur Besessene. Das ist deshalb tragisch, weil aus Freunden plötzlich Konkurrenten werden, Leute, die früher aufstehen, schneller da sind und die besten Sachen immer schon gefunden haben.

Ganz so schlimm ist es nicht, da die noch so stolz vorgeführten Funde in einem nur das Bewusstsein verstärken, dass man das sowieso nicht gebraucht hätte.

Dummerweise gilt das auch für die eigenen Einkäufe. Aber, Hand aufs Herz, gibt es etwas Vergnüglicheres, als zwischen den vielen Ständen zu flanieren, zwischen Schund, Schrott, Plunder und guten Sachen, die man wirklich nicht braucht? Mit dem Bewusstsein geht man ja schon hin, auf dem Rücken einen Rucksack für die Dinge, die man nicht kaufen will. Die Augen fallen einem fast heraus vor lauter Anstrengung, 1 000 Dinge wollen gesehen, taxiert, beachtet, verglichen werden. Aus dem Augenwinkel muss auch der Händler eingeschätzt werden, ganz unauffällig, versteht sich.

Dann passiert das Unvermeidliche. Zwischen nichts sagenden Gläsern steht eines - eindeutig Art Deco. Unauffälliger Blickkontakt zwischen Marielle und Rul. Wer packt an? Rul versucht es mit dem Glas daneben. »Fünf Mark!« »Und das?« So bescheiden und gleichgültig hat Rul seine Stimme schon lange nicht mehr gehört. Wird der Händler sagen: »Das ist alt, sehr alt, sehr wertvoll« usw.? Rul wartet wie neben sich. Der Händler sagt: »Kosten alle fünf.« Kein Mann von viel Worten. Ist auch nicht nötig. Gleichgültig, gelangweilt wird das Glas gekauft. Man lässt es noch einwickeln. Dann nichts wie weg. Es war Glück. Man ist auch ein wenig glücklich.

Ist das moralisch vertretbar? »Betrug ist, wenn man die Unwissenheit eines anderen zu dessen Nachteil ausnutzt ...« Ist das Betrug? Nur nicht nachdenken. Der Flohmarkt ist ein Jagdgrund mit eigener Ethik. Der Händler hat einen Preis verlangt, den er für richtig hält, und ist zufrieden. Rul hat den Preis bezahlt und ist natürlich auch zufrieden.

Da er nicht vorhat, das Glas in diesem Leben wieder zu verkaufen, hält sich das System in einer labilen Ethik. Trotzdem: »Gott gebe mir noch viele Art Deco-, Jugendstil- und ältere Gläser zu einem guten Preis!«

Dazwischen gibt es natürlich auch Händler, über die man nicht so sensibel nachdenken muss. Voller Arroganz und Besserwissertum. Rul hatte eine kleine, alte japanische Lackschale entdeckt, mit Sprung, was soll's. Daneben lag ein Tablett, eine Chinoiserie, schlechte Arbeit. »Was kostet denn, bitte, das Tablett?« »300 Mark.« Entgegen jedem Verhaltenskodex begann Rul eine Gegenrede: »Das ist aber viel zu teuer!« Da war er am Richtigen. Eingedeckt wurde er, der Ignorant. Wenn man schon nichts verstehe, dann solle man gefälligst usw. Rul wäre längst gegangen, wenn nicht die Schale gewesen wäre. Zerknirscht, jedenfalls scheinbar, schließlich war er auf der Fährte, die Preisfrage. »15 Mark.« Rul zahlte, nahm die Schale und konnte es nicht unterlassen, zu sagen: »Danke. Die ist tatsächlich alt.« Der Händler hat vielleicht den Mund immer noch offen.

Marielle mit ihrem speziellen Schwammerlsucherblick für Flohmärkte hatte inzwischen schon wieder etwas gefunden ...

Flohmärkte sind Spielwiesen der Fantasie. Anregend, aufregend. Wie viele Geschichten stehen da herum, wie viele Komödien und Tragödien. Wie viel geliebte, geschätzte Objekte werden hier verschleudert. Aber auch wie viel schönes Theater findet real statt.

»Wie viel kostet bitte die Lackschachtel?«, fragte Rul ein Mädchen auf einem Wiener Flohmarkt. »150 Schilling! Sie kriegen's um 100, aber Sie müssen handeln!« Sie feilschten zum Vergnügen aller Umstehenden um die Wette, auch zum eigenen. Sie lobte die Schachtel über den Schellenkönig, er fand auch den letzten Fehler und vergrößerte ihn ins Gigantische. Man einigte sich schließlich auf 100 Schilling. Rul zahlte 150. Das Theater war's wert gewesen.

GENIESSEN

Freunde

»Unter mancherlei Freunden sind am besten solche, die Gedichte schreiben können, demnächst solche, die zu plaudern und ein Gespräch zu führen verstehen, in dritter Linie, die malen können, an vierter Stelle solche, die eine Singstimme haben, und zuletzt kommen die, die gute Kumpane beim Zechgelage und bei den Gesellschaftsspielen sind.«

Rul fand die Rangliste bei Lin Yutang. Ein wenig anspruchsvoll. Er hatte solche Freunde, zugegeben. Wichtiger erschien ihm aber die Grundeinstellung. Man stellte keine Ansprüche aneinander. Die Zuneigung wurde nicht getrübt durch große Entfernungen oder wenn man sich lange nicht gesehen hatte. Die Zeit dazwischen war nicht von Bedeutung. Sie schmälerte nicht die Intensität.

An anderer Stelle schreibt Lin Yutang: »Unsere Busenfreunde (›Freunde, die unser Herz kennen‹) sind die, welche stets, und waren sie hunderte und tausende von Meilen von uns getrennt, einen selbstverständlichen Glauben an uns bewahren und allen gegen uns sprechenden Gerüchten ihr Ohr verschließen; hören sie aber solche Gerüchte, so tun sie alles, um sie zu unseren Gunsten auszulegen. Wenn der Augenblick dazu gekommen ist, raten sie uns, was wir tun und lassen sollen; in kritischen Stunden kommen sie uns zu Hilfe.«

Zu den schönsten Pausen im Leben von Rul gehörten die Treffen mit Freunden. An manchen Abenden traf man sich in seinem Haus. Seine Frau hatte dann leider immer viel Arbeit, alles vorzubereiten. Es war aber stets ein Vergnügen, wenn die Freunde eintrafen, sich begrüßten, miteinander

sprachen und aßen, musizierten, Reden hielten. Man spürte die gegenseitige Zuneigung, spürte Toleranz, Humor und auch Neugier.

»Setz dich hin und sei gern da!« heißt in Bayern eine Begrüßung. Man war gerne da, man war gerne beisammen. Rul erinnerte sich an Gespräche mit Freunden, nächtelang, in denen die Welt verbessert wurde, in denen Lebensentwürfe entstanden, Pläne, an denen sich die Wirklichkeit maß. Und andere, in denen man versuchte zu trösten, Auswege zu finden, zu helfen.

Oder Treffen mit Freunden voller Heiterkeit, Lachen mit ernstem Hintergrund. Den gestrigen Abend hatte Rul mit zwei seiner Mönchsfreunde so verbracht.

Merkwürdig, wie solche Freundschaften ein Leben lang halten können, voller Anregungen.

Es ist gut zu wissen, dass man solche Menschen um sich hat und auch, dass man selbst Teil in einem solchen Organismus ist. Die Treffen sind wie Steine in einem Flusslauf, auf denen man trockenen Fußes stehen kann.

Rul erinnerte sich, eines Tages Sensei Prof. Dr. Masao Yamamoto, den ehrwürdigen Ästheten, in Kyoto getroffen zu haben. Man war im Tempel Tenryu-ji verabredet. Der Sensei hatte einen Raum mit wunderbaren Proportionen gemietet, die Papiertüren waren aufgeschoben und gaben den Blick auf einen der schönsten Gärten frei. Man saß auf dem Boden, aß und trank miteinander. Dann ließ er sich Pinsel, Tusche, Tuschreibestein und einen Schreibkarton bringen. Dann schrieb er. Es war aufregend und beruhigend zugleich.

Prof. Yamamoto hatte für Rul ein altes Haiku geschrieben:

> »Freunde sind aus der Fremde gekommen.
> Welch ein Glück!«

Kinder

»So sollte man noch einmal sein«, sagte Sir Eduardo Paolozzi einst vor einem kleinen Kind, »alles zum ersten Mal!«

Rul arbeitete beruflich viel mit kleinen Kindern. Er hatte den Standpunkt aufgegeben, dass er als der Ältere, Erfahrenere, Klügere alles von vornherein besser wisse und deshalb auserwählt sei, die Kleinen alles zu lehren.

Er hatte gemerkt, dass ihm die Kinder in vielem sehr überlegen waren und durchaus seine Lehrer sein konnten. Wenn Rul mit den Kindern spazieren ging und er mit ihnen hinterher darüber sprach, musste er zugeben, dass sie viel mehr gesehen, gehört, gerochen hatten. Ihm war, als hätten die Kinder den Weg mehrmals gemacht und er nur einmal. Beschämt musste er zugeben, dass seine Augen, seine Ohren, seine Nase, kurz, sein Gehirn einen engen Filter eingesetzt hatte. Nur weniges durfte da durch. Er musste auch gestehen, dass ihn die Konzentration, ja fast Versunkenheit der Kinder im Spiel oft rührte. Es war ernst und heiter zugleich, eine Gefühlsmischung, die er an sich nur selten beobachten konnte.

Kinder sind grenzenlos neugierig. Alles interessiert sie. Hinter alles wollen sie blicken.

Rul war schon lange müde, da hatten sie immer noch Fragen. Auf alledem konnten sie wundersame Gebäude errichten aus sonderbarem Stoff, einer Mischung aus Träumen, realem Wissen, Spekulation und handfester Freude an Hypothesen. Und das vorgetragen mit aller Theatralik und leichtem inneren Augenzwinkern.

Dann der nicht zu stillende Hunger nach Geschichten, Liedern, Melodien. Wie oft hätte Rul gerne »Amen« gesagt. Es gab keine Schonfrist.

Sein Problem war, dass er so erwachsen dachte. Ihm fiel es manchmal schwer, in dem alten Schlapphut die Schlange zu sehen, die den Elefanten gefressen hatte. Rul ging es wie dem Piloten in Exupérys »Kleinem Prinzen«, der nach der Notlandung nur noch für acht Tage Trinkwasser hatte und das Flugzeug reparieren musste. Es war für ihn eine Frage auf Leben und Tod. In der Situation hatte er wenig übrig für die seltsame kleine Stimme, die ihn bat: »Bitte - zeichne mir ein Schaf!« - »Wie bitte?« - »Zeichne mir ein Schaf ...« Schließlich zeichnete er, mehrere sogar. Das eine war zu krank, das andere war ein Widder, das nächste war zu alt. Ihm ging die Geduld aus. »Das ist die Kiste. Das Schaf, das du willst, steckt da drin.« Und der kleine Prinz war zufrieden.

Rul neigte dazu, bei dem neuen Freund zu fragen: »Wie alt ist er? Wie viele Brüder hat er? Wie viel wiegt er? Wie viel verdient sein Vater?«, statt: »Wie ist der Klang seiner Stimme? Welche Spiele liebt er am meisten? Sammelt er Schmetterlinge?«

Das machte es ihm oft schwer, von den Kindern zu lernen. Er machte sie lieber zu Statisten seiner pädagogischen Gebäude. Er konnte sich nicht so einfach fallen lassen, die Zielstrebigkeit aufgeben und auch das scheinbar Unwichtige für wesentlich halten, das »schöne Haus mit roten Ziegeln, mit Geranien vor den Fenstern und Tauben auf dem Dach ...«

Wenn Rul zu Hause war, wollte seine kleine Tochter Franzi mit ihm arbeiten. Natürlich an seinem Platz, natürlich auf seinem Stuhl, mit seinem Füller, auf seinem Briefpapier ... Rul baute ihr einen eigenen Tisch mit eigenem Stuhl - getrennter Tisch, gemeinsame Arbeit.

Rul musste sich sehr überwinden, sich nicht in seiner so bedeutenden Arbeit gestört zu fühlen, bei den Gutachten, den Briefen ... Dabei musste er zugeben, dass ihn das gemeinsame Arbeiten glücklich machte. Rul lernte, dass er Zeit gewann, wenn er Zeit vergeudete. Scheinbar vergeudete.

Die Sensibilität, diese ständige Bereitschaft, sich etwas anderes vorzustellen, diese Fähigkeit, aus nichts etwas Neues zu machen und ihm Sinn zu geben, führten Rul doch sehr häufig vor, wie er Gefahr lief, erwachsen und vertrocknet zu werden.

»Alle großen Leute sind einmal Kinder gewesen (aber wenige erinnern sich daran)«, meint Antoine de Saint-Exupéry in der Widmung seines Buches.

Thalatta, Thalatta!

Wie oft ist Rul in München losgefahren: Kalt war es, geregnet hat es, gestürmt, geschneit. Das Wort seines Freundes Herbert Rosendorfer im Ohr, dass das Land nördlich der Alpen nicht bewohnbar sei und dass man es nie hätte besiedeln dürfen, kämpfte er sich durch die Unbilden des Wetters. Über Nacht war das Land zur Ebene geworden, Berge gab es nicht. Nur die Straße führte merkwürdigerweise bergauf. Rul und seine Familie schraubten sich hoch, dem San Bernardino entgegen.

Irgendwie rechnete er damit, dass links und rechts der Straße die Bernhardiner stünden, mit den Schnapsflaschen im Lederetui um den Hals, um die entnervten Autofahrer zu trösten und bei Laune zu halten. Nichts dergleichen.

Es blieb unfreundlich. Fast schon oben meinte man dann, man würde ins Licht fahren. Das war sicher eine Fata Morgana. Aber dann, ganz oben angekommen, riss es auf, die Wolkenfetzen zogen fort, vor uns war blauer Himmel, Sonne.

Er konnte es nicht glauben. Wie wenn jemand mit einer riesigen Schere die Wolken abgeschnitten hätte. Wunderbar. Die Sonne schien, es wurde schnell wärmer, der Luganer See, der Comer See zogen vorbei. Überall blühende Bäume oder voller Früchte. Die Leute offensichtlich gut gelaunt. Ist ja auch nicht schwer bei diesem Wetter.

Er verließ die Schweiz, näherte sich Mailand. Der Verkehr wurde dichter, blieb auf langen Strecken so, verlief aber flott. Man kam vorwärts. Die Lombardei, den schönen Piemont durchquerte er Richtung Alessandria, dann ging es in die vielen Tunnels nach Ovada nach Süden. Man gewöhnt sich schnell an schöne Dinge. Der graue Alltag zu Beginn der Reise war weit weg. Jetzt wollte er ankommen.

Da, eine große Kehre - der erste Blick aufs Meer. Den Atem verschlägt es einem jedes Mal, wie gemalt, unwirklich und doch einladend liegt es da. So schön, so unglaublich schön.

Er kann die zehntausend Krieger so gut verstehen, die Xenophon in seinem Peloponnesischen Krieg beschreibt. Sie hatten sich unter unsäglichen Mühen über die Berge gekämpft, waren fertig, erschöpft, verzweifelt. Dann der erste Blick aufs Meer. Der einstimmige Ruf: Thalatta, Thalatta! Das Meer, das Meer! Da muss es einem warm ums Herz werden. Jetzt ist man gleich zu Hause ... Jetzt kommt die schöpferische Pause!

Gastfreundschaft

Rul wanderte über eine italienische Insel. Es war sehr heiß. Kein Windhauch. Nur Zikadengesänge und leises Surren der Insekten. Die Macchia roch intensiv. Rul war es heiß. Der Weg führte ihn durch Weinberge. Kleine, arme Weinbauern waren das. Rul kam an einem Haus vorbei. Der Bauer kam heraus, bat ihn höflich ins Haus, bot ihm einen Stuhl an. Viele Möbel gab es nicht. Der Bauer, er hieß Egidio, holte eine frische Traube von draußen, goss ihm ein Glas Wein ein. Erst nachdem sie lange beisammen gesessen hatten, fragte er ihn, woher er käme. Die üblichen Fragen.

Rul fühlte sich außergewöhnlich wohl. Seit vielen Jahrhunderten sind Gäste so behandelt worden. Der Fremde war Gast, er war hungrig und durstig. Man gab ihm zu essen und zu trinken.

Egidio war traurig, als Rul wieder aufbrach. Er hätte bleiben können.

Oder ein andermal: Eine Wanderung auf Kreta.

Rul hatte in sein Tagebuch geschrieben:

»Am Ortsende standen einige Frauen beisammen und schnitten Kohl. Sie waren sehr gut gelaunt. Ich fragte, ob ich ein Foto machen dürfe. Sie hatten den größten Spaß dabei. - Und schon kam ein Mann angerannt und winkte uns herein. Wir waren gerade in die letzten Vorbereitungen für eine Hochzeit geraten.

Man führte uns in eine Hütte. Dort lag ein riesiger Berg aufgeschichteter Brote, an der Wand hingen der Reihe nach sehr große Fleischstücke. Wir bekamen Brot, Wein und Fleisch ...

Der Hausherr und seine Frau öffneten Nüsse und warfen sie in zwei Teller voller Honig. Dazu gab es Käse. Mit einer Gabel wurden Nüsse und Käse im Honig umgedreht. Schmeckte hervorragend. Dazu Raki.

Der Vetter wollte uns unbedingt mit seinem Auto nach Zaros fahren. Wir hatten uns aber vorgenommen, zu Fuß zu gehen ...«

Unvorstellbar bei uns. Am Abend wurden 300 Gäste erwartet. Die blieben zwei Tage. Alle hatten alle Hände voll zu tun. Aber es war Zeit für Gäste.

Ein drittes Beispiel, wieder ein paar Zeilen aus dem Reisetagebuch:

»Nach etwa 2 Stunden erreichte ich Philotheon (Athos). Es ist ein großes Kloster mit 70 Mönchen, wie ich später erfuhr ... Alles war still. Ich ging durch das Tor und sah zunächst niemanden. Dann kam ein etwa 40jähriger Mönch mit kohlrabenschwarzem Bart, der gut Englisch sprach. Er sagte, die Kirche sei geschlossen. Alle Mönche würden schlafen, weil die Sonntagsliturgie so lange gedauert habe. Dann machte er mich gleich darauf aufmerksam, daß ich etwas anziehen solle, weil ich durchgeschwitzt war.

Ich zog meinen Anorak an und folgte ihm über den Hof. Er war ganz bekümmert, weil die Kirche geschlossen war. Irgendwie drangen wir aber doch ein.

Die Trapeza, so heißt der Speisesaal, ist wie eine lange einschiffige Basilika, mit schönen, alten Fresken bedeckt. Und er brachte es fertig, für mich einen Teller kalter Spaghetti aufzutreiben (das Essen wird hier offensichtlich fast immer kalt serviert), auf denen ein ausgezeichneter Ziegenkäse lag. Dazu brachte er mir Ouzo, ein Glas Wasser, einen Kaffee und etwas Gelatine in Puderzucker. Er nannte es Kandis. Schließlich überreichte er mir noch eine dicke Plastiktüte mit Tomaten, Käse und Brot. Ich war sehr gerührt.

Ich brach wieder auf. Er führte mich noch ein Stück vors Kloster und winkte noch lange.«

Drei Stationen, drei Pausen. Rul hat viele solcher Situationen erlebt. Ihm war immer, als ob die Zeit stillstünde, als ob hier uralte Gesetze wirkten, die so vieles in Frage stellen, was wir heute so treiben.

Spazierengehen

»Ich ging im Walde so für mich hin
und nichts zu suchen, das war mein Sinn!«

Das verstand Rul unter Spazierengehen, nicht das zielstrebige Wandern, nicht das meditative Gehen - das Flanieren mit den Händen hinter dem Rücken.

Er mochte es gerne, wenn die Familie zusammen spazieren ging, langsam, fast bedächtig.

Man hatte ja viel zu tun.

Über jeden Gartenzaun musste geschaut werden. Eindringlich waren die Vorgärten zu begutachten, die Pflanzen zu beobachten, die Vögel, die Schmetterlinge.

Jedes Familienmitglied brachte seine Perspektive ein. Oft wurde auch gar nichts gesprochen. Das war fast am schönsten. Worte machten dann nicht deutlicher, was jeder empfand.

Oft fanden sie nicht statt, die Spaziergänge in dieser Art, obwohl sie regenerative Oasen waren. Meist hatte eh schon jeder etwas anderes vor. Es setzte schon eine höhere Regie voraus, eine besondere Harmonie. Dann war es aber auch besonders angenehm.

Rul ging gerne in Städten spazieren. Gerne auch allein. Er blieb dann oft stehen, sah den Leuten zu, schaute in Schaufenster, trank einen Kaffe am Boulevard und war zufrieden.

Entspannt waren dann alle Sinne gefordert, die Augen und Ohren ganz offen, die Nase funktionierte, und heimlich streifte er mit der Hand an Hauswänden entlang, über Geländer, an Plastiken, wie er als Kind direkt Kontakt aufnahm mit seiner Umgebung.

Rul empfand das immer als Kurzurlaub, auch wenn es nur eine Stunde dauerte oder zwei. Er plante die Zeit ein. Er bat Partner in anderen Städten, ihm freizugeben, und erklärte mühsam, warum. »Ein Sonderling«, dachten sie. Egal, Hauptsache, die Zeit stand zur Verfügung.

Es gab noch eine andere Art von Spaziergängen in fremden Städten, abends, nachts. Rul ging dann oft Stunden, von Straße zu Straße, Stadtviertel zu Stadtviertel. Es wurde dunkel, die Lichter flammten auf. Die Leute zogen sich in die Häuser zurück. Rul fühlte sich dann draußen, nicht dazugehörig. Er mochte diese Einsamkeit, dieses Ausgesetztsein. Er konnte ja jederzeit zurückkehren. Es war kein Risiko. Er meinte aber, vom Flair einer Stadt, ihrem Rhythmus, ihrer Besonderheit mehr zu erleben, als wenn er gleich eintauchte.

Das tat er dann auch.

Wandern

Als Student war Rul von Hütte zu Hütte gewandert, im Rucksack etwas Verpflegung und eine »zweite Garnitur«. In aller Frühe machte er sich auf die Beine. Die Route war genau überlegt, Karte und Kompass waren oft gefragte Begleiter. Es war ein unbeschreibliches Gefühl, sich durch ein Kar langsam hochzuarbeiten und weit über der Baumgrenze einen Sattel zu erreichen oder einen Gipfel, die den Blick freigaben ins nächste Tal. Der Wind pfiff herauf, die Dohlen kreischten, neugierige Gämsen traten Steine los oder die scheuen Murmeltiere verschwanden mit lautem Warnpfiff in ihren Löchern.

Müde erreichte er am Nachmittag die nächste Hütte, müde, aber in Hochstimmung. Wie schön, die Beine vor der Hütte auszustrecken, die Schuhbänder zu lockern und zu wissen, jetzt bin ich da, am Ziel, in der Herberge.

Rul liebte lange Wanderungen. Der Blick nach vorne zeigte das noch so ferne Ziel, der zurück die Strecke. Schritt für Schritt ging es weiter, scheinbar endlos. Nur scheinbar. Es gehörte zu seinem größten Vergnügen, mit der Familie durch Wälder zu streifen, durch Moore, an Bächen entlang, über Flüsse, über die Felder, das ferne Dorf anzusteuern, die Kirche oder das Schloss zu besichtigen und dann einzukehren.

Die Verbindung Kirche - Wirtshaus ist schon lebenserhaltend - in jeder Hinsicht. Die »Radlermass« zischt richtig, die Bratensülze, der Presssack sind unvergleichlich, der Wirtsgarten wird zur Glücksinsel. Behaglich stellt man die Füße unter den Holztisch, heckt kleine Streiche aus und lässt den lieben Gott einen guten Mann sein.

Dann geht es weiter. Man bricht nicht gerne auf. Sitzen ist einfach schön, aber heim muss man auch wieder.

Der Weg führt wieder durch Wald und Feld. Das Licht ist anders geworden, die Sonne steht tief, die Wanderer werfen lange Schatten. Auch der Schritt ist langsamer geworden, die Gruppe schweigsamer. Ein schöner Tag geht zu Ende. In der S-Bahn, im Auto hat einen die alltägliche Geschäftigkeit wieder eingeholt.

Rul erinnert sich an eine Zeichnung von Fohr »Der Maler mit seinem Hund Grimsel auf dem Weg nach Italien«. Der Maler hatte wenig Gepäck, aber unter dem Arm eine große Mappe mit Papieren und seinen Arbeiten. Rüstig schritt er übers Gebirge. Die Zeichnung hat Rul immer sehnsüchtig gemacht.

Später ergab es sich, dass Rul Wanderungen von mehreren Wochen machen konnte, in Italien, in Frankreich. Das ist dann noch einmal etwas anderes. Wenn es immer weitergeht, über die Berge, durch lange Täler. Man wird zum Nomaden, findet einen neuen Rhythmus, läuft los bei Sonnenaufgang bis in den Vormittag, wartet die heiße Zeit ab, dösend, malend, denkend im Schatten einer alten Pinie, an einem Bach, an einem See und bricht wieder auf am Spätnachmittag. Kurz vor Mitternacht sucht man mit seinem Schlafsack ein Lager, unter Bäumen, auf einem Gipfel, auf dem einen bald schon die Sonnenstrahlen wieder wachkitzeln.

Diese Wanderungen sind wie Wallfahrten zu sich selbst. Rul denkt heute noch immer daran. Vieles, was ihm dabei eingefallen ist, hat er später verwirklicht.

Essen und Trinken

Rul hatte einen Freund, der war Kellermeister. Er hatte ein nahe liegendes Steckenpferd: Er sammelte Weine. Es waren wirklich ganz besondere Weine. Er hatte den nördlichsten Wein Europas aus England, wie auch ganz besondere Kreuzungen mit den »Eltern«. Oder er hatte von einer ganz bestimmten Lage in einem bestimmten Jahr die Weine verschiedener Erntezeiten, vom Qualitätswein bis zur Beeren-, Spätbeerenauslese und zum Eiswein.

Es war kein einfaches Steckenpferd, es war ein feuriger, ausgewachsener Araberhengst. Der Kellermeister wollte die Weine nicht verkaufen, er wollte sie auch nicht einfach besitzen. Er wollte sie zum entsprechenden Höhepunkt (wann der war, hat er nie zugegeben, aber er war ausgeklügelt) genießen, und das mit seinen Freunden.

So fand sich von Zeit zu Zeit eine andächtige und begeisterungsfähige kleine Gemeinde in seinem Keller ein, lauschte den Erklärungen, hielt das Glas gegen das Licht, ließ den Wein würdevoll an der Innenseite des Glases herunterrinnen, roch intensiv und verkostete, nicht ohne entsprechende Geräusche und das Rollen auf der Zunge.

Man verglich und wertete, fand Vorlieben, wurde enthusiastisch, war wieder zurückhaltend, enttäuscht, war aktiv dabei.

Im Freundeskreis war ein weiterer Kellermeister. Rul lauschte besonders gerne ihren Fachgesprächen, bis er plötzlich hellwach wurde.

»Der Wein geht breit hinein, buchtet aus, biegt sich nach oben, fällt schräg ab, verengt sich, stürzt schmal ab, kommt nach kurzer Zeit wieder und schiebt sich von hinten breit in den Gaumen und bleibt stehen - mit zwei breiten, ausgefransten Seitenstreifen.«

So war es tatsächlich. Und die »Verlaufs«-Beschreibung des nächsten Weines stimmte wieder. Aber, war das nicht die Beschreibung einer Plastik? »Der Wein setzt schmal an, teilt sich, schiebt sich schalenförmig seitlich vor, gleitet zum Gaumen hoch, vereint sich wieder, fließt breit nach unten und bleibt stehen.«

Man könnte sie genau modellieren, diese Geschmacksplastik. Rul versuchte es. Es ging wirklich.

Noch schöner war aber die Vorstellungsplastik, die mit jedem Schluck eines guten Weines aufgebaut wurde und wieder verschwand.

Rul ist seinem Freund sehr dankbar. Er trinkt viel bewusster und genussvoller. Es taten sich Geschmacksräume auf.

Rul hatte in seinem Leben schon sehr viele wunderbare Ess- und Trinkerlebnisse. Das einfache, scheinbar einfache Ostermahl bei den Bauern auf Elba, als es noch keine Straßen und keinen elektrischen Strom gab, die herrlichen Braten bei dem Bildhauer Paul Fuchs in der Toskana, die Fische in der Bretagne, die Speisen aus den Straßengarküchen in Indonesien, die unübertrefflich ästhetischen Speisen in Japan, die Festessen mit 27 Gängen in China. Alle waren in ihrer Art wunderbar, ein bleibendes Erlebnis.

Alles war aber nicht stärker als die unübertrefflichen Brote mit Oliven, Tomaten und Nüssen, die seine Frau auf der Insel Zlarin buk. Sie waren ein Traum. Rul meinte, er habe nie zuvor wirklich Brot gegessen.

Es fiel ihm aber schwer, diese Festtagserfahrungen auf den Alltag zu übertragen. Er musste es wieder lernen, einen Apfel zu essen, und nichts anderes zu tun, als diesen Apfel zu essen.

Rul stellte fest, dass er das wieder lernen konnte.

Und wieder entstanden Erholungsinseln. Unterbrechungen des Tages-ab-laufs, die Lust spendeten und nachdenklich machten. Das Leben wäre reich, wenn wir es nur zu gestalten wüssten.

Was Rul übrigens hasst, sind die Stehempfänge mit dem Sturm aufs Buffet berühmter spezialisierter Feinkosthäuser. Wenn Gott diese Art von Ernährung gewollt hätte, würde er dem Menschen drei Arme gegeben haben.

Biergarten

Wer einen geeigneten Ort, eine anregende, entspannende Umgebung für eine Pause sucht, hier hat er ihn.

Biergärten sind unvergleichbar. Unter riesigen, gemütlichen Kastanienbäumen stehen einfache, lange Holztische und auf beiden Längsseiten schmale Bänke. Das ist die ganze Einrichtung.

Wie schnell können sie lebendig werden an warmen Sommerabenden. Kenner, Rul rechnet sich zu ihnen, lassen an solchen Abenden alles liegen und stehen, sagen wichtige Termine ab, lassen VIPs warten oder vergessen sie ganz einfach. Die Frau hat schon in einen Korb eine Tischdecke eingepackt, Wurst, Schinken, Käse, Brot, Butter und Bestecke. Die Familie liegt in den Startlöchern. Vater kommt früher heim. Auf geht's in den Biergarten. Die Idee hatten sie nicht allein. Ganze Karawanen sind in Bewegung, alle erwartungsfroh und ähnlich bepackt. Natürlich ist der Biergarten schon voll. Das tut nichts zur Sache. Selbst Menschen, die sonst missmutig wären, würde jemand wagen, sich an ihren Tisch zu setzen, rücken zusammen. »Grüß Gott beinand, Frau Nachbarin, geht's noch a bisserl, Grüß Gott, Herr Nachbar.« Man ist gesprächswillig, freut sich des Lebens, erträgt das Warten aufs Bier mit Fassung. Auch die Kellnerin darf nach bewährter bayrischer Art unfreundlich sein und grantig. »Die Arme hat ja soo viel Arbeit ...« Sogar das Feldafinger Bier nimmt man hin, wenn's nicht gar so arg ist (für Nichteingeweihte: Feldafinger = fehlt ein Finger = schlecht eingeschenkt). Und dann der erste Schluck. Es zischt. Eine Giraffe möchte man sein und ein kühles Bier ganz langsam den Hals hinunterrinnen lassen. Jetzt braucht man noch einen g'stinkerten Käs', mit dem man nie in einem geschlossenen Haus auftreten dürfte, und einen Radi.

Rul zückt sein Messer. Radi schneiden ist eine Kunst. Das Messer muss scharf sein. Man braucht eine ruhige Hand. Erst wird der Radi von der einen Seite etwas mehr als bis zur Hälfte Scheibchen um Scheibchen schräg geschnitten. Dann wird er gedreht und gegenseitig geschnitten. Schließlich kann man ihn drehen und wenden wie eine Schlange. Jetzt muss er gesalzen werden. Wieder Ruls Aufgabe. Der Radi beginnt zu »weinen«. Nun kommt der Hochgenuss. Bier, Butterbrot, Radi und Weihenstephaner Käs'. Das muss es im Himmel auch geben.

Es wird langsam dämmrig. Die Umgebung wird ungenau. Bleiben tut nur dieses unvergleichliche Hochgefühl. »Es« lebt. Wer hier nicht Pausen machen kann, lernt es nimmermehr.

Rul war eines Tages mit einem Schweizer Freund (es war dessen Premiere) im Biergarten. Er brachte es auf den Punkt: »Es ist komisch, da sitzt man hier, trinkt ein Bier, isst eine Breze und Butter und Käse und auf einmal ist alles nicht mehr so schlimm ...«

Sauna

»Wenn es mir reicht, nehm ich ein Bad«, sagte vor einiger Zeit ein Freund zu Rul. »Das entspannt mich, irgendwie habe ich das Gefühl, als würde ich in den Mutterleib zurückkehren. Ich fühle mich geborgen.«

Rul teilt diese Ansicht. Er hat nichts gegen das Bad, schätzt, wie Karl Valentin, den Erfinder des Wannenbades. Das mit dem »Geborgenfühlen« ist für ihn nicht ganz ohne Probleme. Es gefällt ihm im Bad, aber irgendwie macht er mit der Temperatur etwas falsch. Anfänglich ist es zu heiß, dann gibt es ein Temperaturgefälle von oben nach unten. Beim Nachfüllen verteilt sich das heiße Wasser wieder etwas ungleich. Es bevorzugt seine rechte Hüfte, findet er. Dann möchte er gerne Radio hören. Das steht zu weit weg. Zum Heraustragen ist er zu faul. Eigentlich würde er auch gerne lesen. Es soll Leute geben, die das tun. Rul wüsste zu gerne, wie sie das machen. Die Zeitung ist immer irgendwo nass, klebt zusammen. Bücher getraut er sich schon gar nicht mehr mitzunehmen. Man müsste Badebücher machen, mit Schwimmkorkrücken und wasserfesten Seiten ...

Die Badewanne ist, so findet Rul, ein wohnungsfähiger Kompromiss.

Rul hatte fantastische Bäder erlebt, an heißen Quellen, in südlichen Ländern, im Norden, in Japan. Vor allem dort. Die heißen Zuber sind zwar anstrengend, aber wohltuend. Ist der erste Schreck überwunden und ist man nicht gerade ein Feind der Farbe »Krebsrot«, steht dem Genuss nichts im Wege. Besonders schön sind die großen Bäder. Man geht dort hin, um Urlaub zu machen von der Welt und ein wenig vom Ich. Ein Bad auf Kyushu war angelegt wie ein botanischer Garten. Eine Vielfalt von Becken, seicht und tief, sprudelnd, lud ein. Sandbecken mit heißem Sand, mit Schlick zum Einbuddeln, Rutschbahnen, verschiedenste Duschen, eine Art Wasserfall - alles warm oder heiß oder eiskalt. Und dazwischen die schönsten Pflanzen. Alles steckte voller Fantasie. Stunden konnte man sich dort aufhalten. Schon die Neugier führte einen durch ein ganzes Programm.

Wie gesagt, die Badewanne ist nur ein Kompromiss, ein schöner allerdings.

Ganz anders ist es mit der Sauna. Rul geht in die Sauna, wann immer er kann. Hier, findet er, kann er die Altlasten ausschwitzen. Aus allen Poren sondert er ab, was überflüssig ist, und schafft Platz für neue Ideen. Die Sauna ist ein Braintrust. Hier sprudeln die Gedanken in einem Gehirn, das zu einem entspannten, trägen Körper gehört.

Rul singt das Loblied der Sauna in allen Tonlagen. Sauna ist für ihn der Inbegriff von Rückzug in sich selbst, Ruhe, Kon-zentration.

Es klappt nicht immer gleich. Er muss sich erst fallen lassen. Jede Verkrampfung spürt er. Mit Willen ist hier nichts zu erreichen.

Das ganze Fantasieprogramm ist hier möglich. Die Sauna unterbricht den Alltag, man entspannt, man erholt sich, es entstehen neue Gedanken.

Jede Art von Sauna hat ihre Vorzüge, die mit den niederen Temperaturen, die mit den höheren, das Saunarium mit höherer Luftfeuchtigkeit und endlich das wunderbare türkische Dampfbad.

Es gibt hier auch Leistungssportler. »Heute hatte ich ... Saunagänge. Immer ... Minuten ...« Rul hält diese Leute für Idioten. Hier kann man den Alltag, das Berufsleben mit minus eins multiplizieren. Die Werte drehen sich um.

Und Rul, der sonst so zimperlich ist, wenn ein See nicht wirklich warm ist. Hier springt er freiwillig ins kälteste Becken und freut sich auch noch!

Handschmeichler

Drei Situationen, die Rul in Erinnerung hat.

1.

In Hangdschou, mitten auf einem geschäftigen Markt voller Menschen, Lärm, Durcheinander, steht ein alter Chinese, traumversunken, blickt scheinbar durch alles hindurch, unberührt, ruhig. In der einen Hand lässt er zwei Kugeln kreisen. Ganz leise klingen sie. Immer gleich, die Bewegung wie ein Perpetuum mobile, ewig, unbekümmert.

Rul kaufte sich auch die Lebens-Kugeln, wie sie dort hießen. Er lernte damit umzugehen. Er kann es noch nicht so selbstverständlich. Die Wirkung spürte er gleichwohl. Sie beruhigen. Ihr gleichförmiger Klang, ihre immer währende Bewegung übertragen sich. Man wird selbst ruhig und ausgeglichen.

Man sagt, sie würden beim Kreisen Akupressurpunkte stimulieren, die mit Nerven des Kopfes und anderen wichtigen Organen in Verbindung stünden. Ihnen würde geholfen, den Kreislauf lebenswichtiger Energie zu aktivieren.

Rul mag die Kugeln inzwischen. In seiner Schreibtischschublade liegen auch welche. Für ganz kurze Pausen holt er sie heraus.

2.

Kreta. Draußen herrschte eine hochdramatische Stimmung. Der Regen peitschte an Tür und Fenster. Das Wasser kam unter der Türe durch. Es war fast Nacht geworden. Kohlschwarze Wolken fetzten über den Himmel. Der Sturm pfiff.

In der Taverne saßen zwei alte Männer bei einem Kaffee. Sie sprachen ganz ruhig miteinander. Jeder spielte mit einem Komboloi, diesem uralten Männerspielzeug in Griechenland und in der Türkei. Meist hat es 17 oder 19 Perlen, sehr locker auf eine Schnur aufgefädelt, mit einem kurzen Ende

nach dem Knoten und dann meist drei Perlen und eine Quaste. Sicher hat diese Kette einen religiösen Hintergrund. Hier, in der Taverne, war davon nichts zu spüren. Jeder der beiden hatte seine Technik. Der eine schlenzte die Perlen regelrecht weiter, immer gleichmäßig, mit ruhigen Bewegungen. Der andere führte die Perlen weiter wie bei einem Rosenkranz. Am Ende angelangt, hielt er das Komboloi mit der anderen Hand fest und schob die Perlen wieder zurück. Dies waren die einzigen Bewegungen der beiden Männer. Trotzdem ging eine unerschütterliche Ruhe von ihnen aus.

Rul besitzt auch einige Kombolois. Er hat oft eines in der Hosentasche. Wenn er irgendwo warten muss, aber auch bei »feurigen« Sitzungen, zieht er es gerne heraus und spielt damit.

3.

Mündliche Prüfung. Der Prüfling wird immer nervöser, verhakt sich, weiß nicht mehr weiter. Der Prüfer gibt ihm einen Handschmeichler aus Holz, eine Form wie ein ovalrund geschliffener Kieselstein, die sich in die Hand einschmiegt. Man kann den Handschmeichler ruhig drücken, er fühlt sich weich an, tut gut, beruhigt. Dem Prüfling merkt man jedenfalls an, dass die Übernervosität ein Ventil gefunden hat.

Die Quigong-Kugeln, das Komboloi und ein Handschmeichler gehören zur Grundausstattung seiner Psychohygiene, meint Rul. Sie sind Pausenspielzeuge.

Kaffeehaus

Rul war eigentlich Teetrinker. Er liebte aber auch Kaffeehäuser. Leider sterben sie aus. In Wien findet man noch ein paar.

Man muss hingehen mit viel Zeit, sucht sich einen der kleinen Tische, wenn es geht, in der Nähe des Fensters. Es ist schon sehr interessant zu sehen, wie viele Leute da draußen hin und her gehen, laufen, trippeln, stolpern, hinken, schlurfen - und wie die alle aussehen. Dünn, dick, altmodisch, punkerisch, bunt, grau, getupft, kariert, gestreift, jung, alt. Nicht zum Aushalten. Und welche Hüte die aufhaben!

»Was darf's sein, gnä' Herr?«

»Einen großen Braunen.«

Schon wird er aufgetragen, der große Braune, und das wunderbare Glas klaren Wassers. Warum diese Trinkkultur so wenig kopiert wird. Rul weiß es nicht. Erst in der Polarität wird der Kaffee zum Hochgenuss, die braune, satte, selbstgefällige Süße gegen das kühle, klare Wasser.

Das alles war erst die Entrada. Nun holt sich Rul einen Stoß Zeitungen, alles sorgsam eingeklemmt in die Lesegestelle, und versinkt in der Informationsflut, die ihn im Detail gar nicht so sehr interessiert. Das Durch-, Drüberlesen, manchmal auch das Vergleichen, das leise Schimpfen und vorsichtige Ärgern, die reine Schadenfreude, das tiefe Mitleid, die solidarische Empörung. Rul durchlebt Tragödie und Komödie als Zuschauer und Akteur.

Nebenan schimpft jemand laut. Ein anderer meckert ihn freundschaftlich an. »Hearst, du bist aa net lustig, wennst net grantig bist.«

Nach so einem Vormittag fühlt sich Rul bedeutend wohler.

BETRACHTEN

Kontemplation

Rul las auf einem hektografierten Anschlag an einer Wand »Kontemplation im Zen-Kloster«. Es war in Berlin, am Rande der Stadt. Sehr früh. Etwas unausgeschlafen kam er an, schritt durch einen großräumigen Park einen Hügel hinauf zum Tempel. Dort fand er einen einfachen, kahlen Raum. Um ein etwa vier qm großes, ca. 15 cm hohes Podest standen Bänke. Türe und Fenster waren weit geöffnet. Mitten auf der Bühne stand eine brennende Kerze. Es war niemand da. Rul nahm etwas irritiert auf einer der Bänke Platz und harrte der Dinge, die da kommen sollten. Es kamen aber keine Dinge, niemand kam. Ruls Irritation nahm zu. Es war schon lange über die Zeit. Er hatte sich bestimmt im Datum geirrt.

Er blieb sitzen. Langsam wurde er ärgerlich. Sollte das die Kontemplation sein? Das war ja ... Er überlegte, was er eigentlich erwartet hatte. Klar war ihm das nicht. Wahrscheinlich so eine Art Gottesdienst mit Priester und Gong oder Ähnliches. Das konnte wiederum keine Kontemplation sein. Die Müdigkeit, der Gedankenwirrwarr, der Emotionsüberschwang zusammengenommen bewirkten eine gewisse Apathie. Das Denken hörte auf. Die Gefühle wurden neutraler.

Rul hatte nicht aufgehört, die Kerze im Auge zu behalten. Allmählich schien ihn die Flamme zu fixieren. Oder umgekehrt? Wer weiß? Der Raum schien zu entschweben, wurde unwichtig, ungenau. Ein junger Mann betrat ihn, setzte sich. Rul nahm ihn kaum zur Kenntnis. Alles war leer, bedeutungslos. Es tauchten Bilder auf, Räume, Klänge, vage Bewegungen. Alles blieb ungenau. Es waren weit entfernte Träume. Rul vergaß auch dies. Er vergaß sich, war entspannt. War da und auch nicht. Wie durch einen Nebel blieb das Licht der Kerze.

Rul verlor das Zeitgefühl. Er konnte nicht sagen, wie lange er da saß. Es interessierte ihn auch nicht.

Irgendwann später streckte er sich. Der Raum war wieder vorhanden. Es war kühl. Der junge Mann war offensichtlich wieder gegangen. Er hatte es nicht bemerkt. Rul stand auf und verließ etwas benommen den Tempel. Fast zwei Stunden war er da gesessen.

Rul hatte viel gelernt in dieser Zeit. Er hatte die verschiedenen Stufen einer Kontemplation durchlaufen. Zunächst eine verstärkte Wahrnehmung, dann die Entleerung, das Absinken der Bewusstheit, die Entspannung, das Verweilen und Versenktsein, das Auftauchen von Bildern, schließlich die Rückkehr zum ursprünglichen Bewusstseinsgrad.

Das nächste Mal konnte er die ersten Stufen bewusst zulassen. Die nächsten ergaben sich von selbst.

Wenn Rul Zeit hatte, suchte er sich Situationen und überließ sich ihnen. Er liebte es, mitten in einer Landschaft zu sitzen und nichts zu tun als zu schauen. Aus vielen Einzelbeobachtungen, während sein Gehirn wie eine Maschine arbeitete, erwuchs eine Summe; Geräusche, Gerüche, Temperatur, Bewegungen liefen zusammen; auch er wuchs hinein; Einzelheiten verschwanden, gingen auf in einer größeren Einheit, von der Rul ein Teil war. Er verlor sich und zugleich meinte er etwas zu spüren, was hinter dem allen stand. In diesem Zustand braucht es keine Gottesbeweise. Alles ist selbstverständlich und gefügt. Verknüpft war das oft mit einem Gefühl der Wärme, des Wohlwollens und des Glücks.

Rul liebte die Kontemplation. Er konnte manchmal durch Bilder hindurchschauen, durch Musik hindurchhören, durch Dinge hindurchtasten bis zu einer anderen Ordnung, in der der Blick auf seinen eigenen Zustand ohne Belang war, in der Alltagsstress und die entsprechenden Probleme kleinlich und unsinnig wurden. Wo vielleicht wieder das rechte Maß entstand.

Besonders schätzte es Rul, in den Himmel und ins Wasser zu schauen. Kontemplation war ja ursprünglich einmal das Betrachten des Himmels auf besondere Zeichen hin. Es war einfach schön, dem Segeln der Wolken zuzuschauen, gleichsam mitzufahren, wie in einem Ballon, oder zu sehen, wie Wolken sich thermisch auflösten, einfach in nichts, verschwanden. Beim Blicken in einen Fluss versank schneller als sonst die Realität, schneller wurde man Teil des »panta rhei«, des »alles fließt«. Rul konnte Siddhartha so gut verstehen, der am Schluss seines Erkenntnisweges am Fluss saß und einfach hineinblickte.

So fließt alles dahin
wie ein Fluss
ohne Aufhören
Tag und Nacht.

Kung Dse

Tee

»Denn Teeismus ist die Kunst, Schönheit zu verhüllen, um sie zu entdecken und etwas anzudeuten, was man nicht zu enthüllen wagt. Er ist das feine Geheimnis, leise und doch gründlich über sich selbst zu lachen, und ist somit die gute Laune selbst - das Lächeln der Philosophie.«

Rul hat diese Worte des Zen-Philosophen Kakuzo Okakura in dessen wunderbarem »Buch vom Tee« oft gelesen.

Immer wieder fand er dort Aspekte, die er noch nicht bedacht und beachtet hatte.

Das Teetrinken war ihm zu einer Notwendigkeit geworden. »Es liegt ein feiner Zauber im Geschmack des Tees« ... »Er hat nicht die Arroganz des Weines, nicht die Selbstbewusstheit des Kaffees und nicht die süße Unschuld des Kakaos.« Der Tee ist ein Pfad, das Tao.

»Trinke Tee und vergiss die Unruhe der Welt«, heißt es in Japan. Kaum etwas ist besser geeignet, Arbeit, Hetze zu unterbrechen, stille zu werden, nachzudenken, neue Ideen zu haben, wenn man sie noch für nötig hält.

Teetrinken schafft neue Sehweisen und neue Wertungen. Dabei ist es eine kleine Kunst, guten Tee zuzubereiten. Schon die Wahl des Wassers ist ein grundlegender Schritt. Okakura hält das Wasser eines Bergquells für das Beste. Beim Kochen müsse man drei Grade beachten: »den ersten, wenn kleine Bläschen wie Fischaugen an die Oberfläche kommen, den zweiten, wenn die Bläschen kristallenen Tropfen wie einem Springbrunnen gleichen, den dritten, wenn die Wogen des Kessels wild wallen.« Jetzt wird eine Kelle kalten Wassers in den Kessel geschüttet, damit ... die Jugend des Wassers wieder auflebt.

Rul hatte viele Teezeremonien miterlebt. Viele erschienen ihm steif und wegen des Sitzens anstrengend. Keine war so schön wie die im Privathaus des Jôjakkô-ji-Tempels in Kyoto.

Man stieg eine lange Treppe hinauf. Das Haus lag am Berghang, inmitten eines wundervoll gestalteten Gartens. Im Haus waren die Türen aufgeschoben und gaben den Blick frei auf einen Bambuswald und eine kleine

Quelle, die über einige sehr schön geformte Steine floss - dazwischen große Moospolster. Es war völlig still, nur das Fließen des Wassers war zu hören und das Kochen des Wassers für den Tee. Die Frau des Priesters zeigte die Gefäße, schlug den Tee, reichte die Schalen mit Konzentration und einer Ausstrahlung, die Rul nie vergessen würde.

Er selbst trank den Tee natürlich profaner. Er war für ihn aber auch nicht nur ein Mittel, um den Durst zu löschen. Tee konnte er nicht immer, nicht überall und nicht mit jedem trinken.

Die Atmosphäre ist wesentlich. Rul hielt es mit Lin Yutang, der in der »Weisheit des lächelnden Lebens« Situationen oder Augenblicke aufzählt, die fürs Teetrinken geeignet sind, zum Beispiel:

> Wenn Herz und Hände müßig sind
> Wenn man vom Gedichtelesen müde ist
> Wenn man beim Denken gestört wurde
> Wenn man an einem Feiertag still in seiner Klause sitzt
> Bei gutem Gespräch in tiefer Nacht
> Vor einem hellen Fenster und einem aufgeräumten Schreibtisch
> Bei der Heimkehr von einem Besuch bei Freunden
> Wenn es ganz leicht regnet

Ebenso gibt es seiner Meinung nach Augenblicke, in denen man aufhören soll, Tee zu trinken, zum Beispiel:

> Beim Arbeiten
> Beim Briefeöffnen
> Wenn es stark regnet oder schneit
> Wenn man wichtige Papiere durcharbeitet
> An Tagen mit viel Geschäften

Die Japaner entwickelten eine eigene Architektur, die für das Teetrinken besonders geeignet war, den Teeraum und das Teehaus. Durch eine sehr niedere Türe musste man ihn demütig gebückt betreten. Der Raum war leer. Nur in einer Nische wurde ein ausgewähltes Bild gezeigt oder ein Blumengesteck.

Man bewunderte das Teegeschirr, die Schalen - jede ein erlesenes Kunstwerk.

»Der Teeraum«, so sagt Kakuzo Okakura, »ist eine Oase in der trostlosen Wüste des Daseins, wo müde Wanderer sich treffen konnten, um sich gemeinsam am Quell des Kunstgenusses zu laben.«

Rul hat mit dem Tee seine Oase gefunden.

Mandala

Rul überlegte sich seit Tagen, warum es eigentlich so beruhigend und wohltuend war, den Mönchen zuzusehen, wenn sie zwischen den Chören, um den Altar, unter dem Baldachin umherzogen. Es ergab so etwas wie eine Choreografie der Liturgie im Zusammenhang mit dem Grundriss des Altarraumes, die wie ein Inbegriff von Harmonie war. Eines Nachmittags zeichnete Rul dies auf. Es ergab eine Mandalafigur.

Die Bewegungen der Mönche über dem Boden mit dem Altar und den Chören bildeten eine Meditationsfigur, die eben durch Gehen gezeichnet wurde.

C.G. Jung beschreibt Mandalas als »konzentrisch angeordnete Figuren oder Kreisläufe um ein Zentrum, rund oder im Quadrat, und alle radialen oder kugelförmigen Anordnungen«.

In diesem Sinne gab es unzählige Mandalas, nicht nur in Asien. Die wunderbaren Radfenster gotischer Kathedralen, das Speichenrad an sich, mittelalterliche Meditationsbilder der Hildegard von Bingen und die Tafel von Nikolaus von der Flüe. Schon die alte Vorstellung vom »runden« Paradies mit dem Lebensbaum und dem Urquell, der den Kreis nach den Himmelsrichtungen in vier Flüsse teilt.

Mandalafiguren haben sicher zu allen Zeiten die Menschen gefangen. Wenn die Theorie stimmt, dass wir endogene Bildmuster in uns tragen, dann sind sie derartige Muster, die in Schwingung geraten, wenn sich unser Blick außen auf ein solches Muster richtet.

Rul kennt wunderbare Mandalas aus Indien, faszinierende Gebilde, die er stundenlang betrachten könnte. Sie sind anregend, erfrischend und harmonisierend zugleich.

Wenn er sich selbst etwas Gutes gönnen will, wenn er Entspannung braucht, schaut er auf ein Mandala.

Vor kurzem hat er ein Mandala in die Erde gezeichnet und mit andersfarbigem Staub und zerriebenen Steinen geschüttet. Es hat richtig wohl getan.

Pierino

Es gibt Dinge, sagte sich Rul, bei denen hat nachdenken wenig Sinn. Man muss einfach zuschauen, hinsehen, es geschehen und auf sich wirken lassen.

Er hatte zum wiederholten Male Pierino erlebt, den zauberhaften Clown. Seine Handlungen sind höchst einfach, aber wie sehr rührte er ihn menschlich an.

Seine Geschichte mit dem Stehaufmännchen etwa. Es ist über zwei Meter groß. Pierino tanzt mit ihm, linksherum, rechtsherum, legt es um. Es richtet sich wieder auf. Er dreht es, legt es wieder hin - es bleibt liegen. Alle Zuschauer teilen seinen Schrecken. Unsägliche Trauer und Wehmut liegt über dem Raum. Pierino versucht alles Mögliche. Umsonst. Das Stehaufmännchen bleibt liegen.

Ein letzter Versuch, verzweifelt. Und - das Männchen richtet sich zaghaft auf. Ein Aufatmen. Alle freuen sich mit Pierino, die Sonne geht auf.

Mit fast nichts hat Pierino so viele Menschen bewegt, ihre Gefühlsskala in voller Länge auszuloten.

Er kann das. Man ist gerührt, wie ihn seine Tiere mögen, wie sie ihm nachlaufen - sein Wollschwein, seine Gans, sein Nilpferd, Puck, der Hund (ein Schlitzohr ...).

Man muss einfach da sein, offen, es mit sich geschehen lassen. Nicht alles muss rational aufgedröselt werden.

Rul möchte es einfach nicht wissen, wie die Margot das macht, wenn sie zaubert. Er wird gerne getäuscht. Das Geheimnis soll bleiben. Es ist wichtig für ihn.

Was würde ein gelüfteter Vorhang bringen?

Enttäuschung.

Was, so einfach ist das?

Und dann?

Es kann niemals mehr ein Zauber werden.

Die Pierinos muss man pflegen. Sie führen uns vor, dass wir noch ein Gemüt haben. Und wer nicht bewegt ist, der kann nichts bewegen.

Labyrinth

Spiralen hatten es Rul angetan. Er legte eine Sammlung von angeschliffenen, versteinerten Schnecken an, und wie magisch angezogen betrachtete er die Linien. Er konnte die Augen schließen und sich vorstellen, wie ihn die Spirale ansog. Es gab kein Ausweichen, kein Entrinnen. Der Weg führte direkt ins Zentrum. Dort das kurze Verweilen, das Festgesogensein wie durch ein Vakuum, dann das befreiende Sich-Wenden, der Weg zurück, hinaus ins Freie.

Immer wieder ging er diesen Weg.

Deshalb suchte er auch die Labyrinthe. Er bewunderte die Reste des Labyrinths in S. Michele maggiore in Pavia und das an der Säule im Dom von Lucca. Wie oft war er das zwölf Meter breite Labyrinth in der Kathedrale von Chartres abgeschritten. Er suchte sie nicht nur. Er sammelte sie auch, versuchte sie zu verstehen, zu durchschauen und zu zeichnen. Er liebte es, sie mit den Augen abzuschreiten oder mit dem Finger oder, wenn es zu verwirrend wurde, ein durchsichtiges Blatt auf den Druck zu legen und seinen Weg als Bewegungsspur aufzuzeichnen.

Es war nicht nur ein Spiel, das man einschiebt, um sich die Zeit zu vertreiben (welch sonderbares Bild). In einem gewissen Sinne war es ein Weg ins Dunkel und ins Licht. Es war im Kleinen ein existenzielles Drama.

Rul ging einen uralten Pfad. Hugo Rahner berichtet in seinem so beeindruckenden Essay »Der spielende Mensch«, dass auf dem Labyrinth von St. Savin in Piacenza die Aufschrift steht:

»Das Labyrinth ist ein typisches Bild des irdischen Lebens, weit für den, der's betritt, gar eng für den, der hinauswill. Es scheint nach dem Eintreten so zu sein, als müsse man sich aufgeben. Man irrt, verstrickt sich weiter, geht in die Tiefe, in die Niederungen, wohl seine eigenen, man muss hindurch, bis man zum Zentrum vorstößt. Kein Wunder, dass hier in Kreta Minotaurus saß und die Eindringlinge fraß. Es gibt aber auch andere Zentralbilder: den Stern als Sinnbild Christi oder Christus selbst«.

Nur die Wende kann wieder ans Licht führen. Nach dem Weg durch die Unterwelt oder die Tiefenschichten der Seele braucht es die Gegenbewegung, das Sich-Umdrehen. Es bedarf einer Sinnesänderung, von »der erlangten Mitte her« (Alfons Rosenberg). So wird das Labyrinth und sein gegenläufiger Weg zu einem Symbol, letztlich der Hoffnung.

Wenn Rul Labyrinthspiele durchlief, spürte er deutlich, dass er einen Lebensweg ging. Die selbst erzwungene Pause in der Mitte ermöglichte einen Neuanfang.

Atmen

Rul war aufgefallen, dass es einen Zusammenhang gab zwischen Räumen, in denen er sich befand, und seinem Atmen. Es gab Räume, in denen er aufatmete, und andere, die ihm den Atem nahmen. Es gab Gänge, durch die schritt er und da spürte er die Übereinstimmung zwischen seinem Gehen, seinem Befinden, seinem Puls und seinem Atmen.

Ihn faszinierte dieses beständige Fließen, dieses Ein und Aus, Heben und Senken.

Er mochte es, wenn er ruhig dasaß und nachdachte, wie sein Körper ihm einen Rhythmus vorgab, ein Fundament, auf dem auch die Gedanken fließen konnten. Er konnte sich vorstellen, wie er am Meer saß und Welle für Welle herausrollte, eine nach der anderen, sich wieder zurückzog und Platz für die nächste machte. Es war ein Stück Ewigkeit. Niemals würde dieser Rhythmus unterbrochen. Er konnte schneller werden, dramatischer, stürmischer und ruhiger, flacher, aber immer würde er weiterfließen.

Es gab Tage, an denen er seinen Rhythmus nicht fand, an denen er außer Atem war.

Da entsann er sich, wie ein japanischer Freund erzählte, er sei als junger Lehrer ängstlich gewesen und unsicher. Jeder neue Tag machte ihm Sorgen. Da sei er in ein Kloster gegangen zu einem befreundeten Mönch. Monatelang seien sie sich von 5.00 - 7.00 Uhr früh gegenübergesessen und hätten ruhig geatmet.

Makoko Kawakami berichtete genau: »Ich habe voll und tief eingeatmet, kurz gewartet, ganz langsam ausgeatmet, wieder kurz gewartet, immer und immer wieder, bis *es* atmete.« Das habe ihn von Grund auf verändert.

Rul hat diesen Weg oft erprobt. Er ist ihm sehr wichtig geworden.

Alleinsein

Seine Patentochter hatte Rul von einer Amerikareise einen Button mit der Aufschrift »Leave me alone« mitgebracht, »Lass mich alleine«. Das war exakt das Gefühl, das ihn oft beschlich nach langen Sprechstunden, wenn alle etwas wollten und brauchten, wenn ihre Probleme überhand nahmen und der eigene Lebensraum zu klein wurde. Ein Überlebenswille stachelte Rul insgeheim an. »Lass dir's nicht gefallen. Du bist auch wer.« Die Höflichkeit zwang ihn, sich gesittet zu benehmen, aber das Bedürfnis nach Einsamkeit, nach Alleinsein wurde überstark. Es konnte Fluchtbedürfnisse auslösen. Tagträume versetzten ihn auf einsame Berggipfel, in Oasen inmitten riesiger Wüsten oder ganz einfach in die nächste Kirche. Dieses war manchmal zu bewerkstelligen. Wie wohltuend die Ruhe und Stille in einer Kirche ist. Jedes Öffnen der Tür lässt den Verkehrslärm hereinbranden, dann ist es wieder still. Oft gelangen solche Ausbrüche aber nicht.

Rul hatte sich deshalb eine neue Technik angeeignet. Er konnte allein sein in einem gefüllten Café mit vielen Menschen, ihren Gesprächen, Gesten, Bewegungen. Ja, er schätzte es geradezu, mit einem Blatt Papier und einem Stift in der Hand sich auf den Text einer Rede zu konzentrieren. Der Lärm um ihn ging ihn nichts an. Wie eine Glocke umgab er ihn und schützte ihn zugleich. Er war dann geradezu unglücklich, wenn er angesprochen wurde, wenn ihn jemand herausholte aus seiner Versenkung und sich zu ihm setzte.

So paradox es klingen mag, Rul verstand Yoshida Kenkô aus vollem Herzen, der sich in die Einsamkeit zurückgezogen hatte und dann »aus gegebenem Anlass« dieses Gedicht schrieb:

Schon nach kurzer Zeit
erscheinet unaufhörlich hier
Besuch, Besuch –
auf diesem Berge, den ich
fern der lauten Welt gewähnt.

Besonders schätzte Rul es, absichtslos in Kaufhäusern spazieren zu gehen. Da er ohne Ziel war, verengte sich seine Wahrnehmung nicht. Seine Sinne waren offen, es war eine entspannte Aufmerksamkeit. Er konnte allein sein unter sehr vielen Menschen.

Allein, nicht einsam. Manchmal fiel ein Termin aus. Rul hatte sich angewöhnt, dies als geschenkte Zeit zu nehmen. Er verließ sofort das Haus, ging spazieren oder in ein Café ...

Stille

Stille - der Zikadenlärm
dringt ein in die Felsen.

Basho

Rul hat den kleinen Garten und das Häuschen in Kyoto besucht, in dem Basho eine Zeit lang im 17. Jahrhundert gelebt hat. Es ist für ihn der Inbegriff von Ruhe, Beschaulichkeit und Stille. Das Tropfen des Wassers, das Lied eines Vogels, der Schritt auf dem Kies werden plötzlich bedeutungsvoll. Man hört sie wieder.

Stille zu erleben, wird immer schwieriger. In der Großstadt, wo der Geräuschpegel unter eine bestimmte Linie Tag und Nacht nicht absinkt, ist Stille ein Fremdwort geworden. Irgendwie hat man sich arrangiert.

Das führt dann zu dem merkwürdigen Phänomen, dass man nachts wach wird in einer wirklich stillen Umgebung, weil die Stille »so laut« ist. Man weiß zunächst nicht, wovon man geweckt wurde, und erst mit der Zeit wird einem bewusst, dass man nichts hört, wirklich nichts.

Die Stille hören:

Rückkehr zur Wurzel heißt Stille.
Stille heißt Wendung zum Schicksal.
Wendung zum Schicksal heißt Ewigkeit.

Lao Tse

Natürlich ist es wunderbar, eine lautlose Umgebung zu erleben, ungestört zu sein.

Das ist aber nur ein Teil des Problems.

Stille werden heißt ruhig werden, klein, abwartend, im Grunde demütig.

Rul erfuhr, dass er Stille erleben konnte in einer lauten Welt, wenn er sich einer Sache wirklich überließ. Wenn er einem Ton lauschte, bis er verklang, der Tonschale, dem Gong. Aber auch vor einem Kunstwerk, einer Blume, einem Stein. Ein Gedicht konnte ihn still werden lassen, eine Spiegelung, die Wolken, der Himmel. Stille war eine Frage seines Herzens.

Meine letzte Wohnung
und der Schnee
sind sehr tief.

Issa

Schweigen

Das hat gut getan, fand Rul.

Das Wehmutsbuch

Rul dachte nach. Er wollte Ordnung bringen in seine Gedanken. Es war, als wenn er in ein Wespennest gestochert hätte. Die Wespen umschwirrten ihn, griffen an, stachen. Viele Situationen aus seinem Leben tauchten auf, wurden zum Bild und ergriffen ihn. Es waren Stationen des Leids, der Aggression, des Todes, der Gefährdung.

Rul konnte sich nicht wehren. Wie gefesselt musste er ertragen, wie sich die Erinnerungen in sein Fleisch schlugen.

Eine große Trauer befiel ihn. Er war niedergeschlagen, genauso, wie es das Wort sagt. Niedergedrückt.

Er musste es erdulden.

Da fiel ihm ein leeres Buch in die Hand, Querformat, mit leicht gelblichem Papier.

Rul beschloss, den Gedanken nicht auszuweichen. Er wollte sie noch deutlicher werden lassen.

Er begann zu malen.

Blatt für Blatt füllte er, zunächst zaghaft, dann mutiger. Die Bilder taten weh. Durch die Situationen musste er noch einmal hindurch. Die Bilder, die sein Gehirn besetzt hielten, wollten sichtbar werden.

Es war ein Inferno.

Der Selbstmord von Freunden, die Trennungen, die gefährdeten Kinder, die Hinrichtung, der Mord, am Fernseher erlebt, die gemetzelten und sterbenden Bäume, die gemeuchelte Natur und viele andere erlebte und durchlebte Stationen wurden mit allen Schrecken noch einmal lebendig.

Es war eine harte Arbeit. Nach jedem Blatt war Rul erschöpft und sehr still.

Drei Wochen dauerte es. Es war mit jedem Tag notwendiger geworden, weiterzumalen.

Dann war es vorbei. Es kamen keine Bilder mehr. Auch nicht, wenn er die Bilder wiederholen wollte. Sie waren aufs Papier gewandert.

Wenn er heute das Wehmutsbuch durchblättert, fallen ihm zum Teil nicht einmal mehr die Inhalte ein - so weit sind sie weg.

Und wie hatten sie ihn damals gequält.

Das letzte Blatt war übrigens ein Selbstbildnis, inmitten von Bäumen voller Krähen.

»Ich kann zwar nicht verhindern, dass die schwarzen Vögel über mein Haupt fliegen, aber ich muss nicht zulassen, dass sie auf meinem Kopf ein Nest bauen.«

Kranksein

Er war viel krank gewesen in den letzten Jahren. Ganz plötzlich war der Kraftstrom versiegt, hatte jemand den Energiestecker herausgezogen.

Rul lag da und haderte. Er wollte so vieles, wozu sein Wille nicht stark genug war. Er war niedergedrückt.

Ein Bild der Hindus in Bali trat ihm vor Augen. Die eigentliche Einheit erreicht der Mensch erst, wenn seine (irdische) Innenseele und die Außenseele vereint sind. Das ist erst nach dem Tode möglich, nach seiner Verbrennung, wenn seine Seele aufgestiegen ist.

Wenn Rul krank war, schien ihm seine Einheit zerbrochen, die Einheit zwischen dem »Bruder Esel, dem Leib«, wie Franz von Assisi ihn nannte, und der Seele. Es schien, als würde nichts beide zusammenhalten.

Rul wehrte sich, kämpfte, bemühte sich.

Es war, als wenn ein Boxer nach dem K.-o.-Schlag versucht, wieder auf die Beine zu kommen. Es war hoffnungslos. Immer wieder sank sein Körper auf den Boden.

Rul zog sich in sich zurück. Er versank und durchlief doch eine Pilgrimage, eine Pilgerfahrt durch Wüsten, Abgründe, über Schluchten und Berge.

Er lernte, dass er diesen Weg gehen musste, ohne sich zu wehren.

Die Krankheit eröffnete ihm Bereiche, um die er vorher nicht wusste, denen er ausgewichen war.

Es waren Wege aus der »Göttlichen Komödie«, unheimliche und schöne, faszinierende und abweisende.

Rul musste allein sein, allein gehen, allein sehen. Er musste die Krankheit annehmen, ohne Gegenwehr, gefangen, geführt.

Merkwürdig, wie dann die Zuversicht wuchs und die Hoffnung, auch wenn sich Besserung noch nicht einstellte.

Rul lernte, dass Kranksein Pausen waren, schöpferische Pausen, Lernfelder als Ausgangspunkt zu neuem Denken.

Das Licht blieb, trotz aller Verdüsterungen, trotz Schwermut und Sich-ausgestoßen-Fühlen.

Rul spürte irgendwann, wie die Energie wieder zu sprudeln begann, zaghaft erst, dann voller. Die Teile wuchsen wieder zusammen. Die Einheit erstand wieder.

Kranksein war ein Dazuwachsen, Neuwerden, entlang an Grenzen gehen.

Rul wollte keine seiner Krankheiten missen, auch wenn sie ihm zu gehäuft erschienen.

Sein mit ihm befreundeter Arzt wusste das schon immer. Auf die Frage von Rul, ob er eine Immunisierungsspritze gegen Grippe haben könne, meinte er: »Du nimmst deine Grippe gefälligst. Du brauchst sie nämlich.« Und verschmitzt fügte er hinzu: »Schließlich musst du auch irgendwann deine Bücher lesen ...«

Aber wie sagte Wilhelm Busch: »Gehabte Schmerzen, die hab ich gern!«

Psalmen

Rul verehrt die Psalmen sehr. Er besitzt eine alte Ausgabe, in Leinen gebunden. Sie hat ihn auf fast allen Reisen begleitet und auch sonst ist sie gleich zur Hand.

Mehr als die übliche, nach Selbstmitleid heischende Frage »Wie geht es mir heute? Wie fühle ich mich?« sind die Psalmen für ihn selbst ein Stimmungsbarometer. Sie sind eine Zusammenfassung seiner Situation und seines Zustandes. Seine Auswahl interpretiert ihn für sich und vor sich selbst. Nur stellt er seine Einschätzung in einen anderen Zusammenhang, er bleibt nicht egozentrisch bei sich, wenn er sich in die Reihe der Beter seit über 4 000 Jahren einreiht und die uralten, bewährten Texte benutzt.

Es gab Tage voller Depressionen, an denen ihm hundeelend war:

> Mein Auge dunkelt vor Traurigkeit ...
>
> *Psalm 6*

> In Kummer verzehrt sich mein Leben,
> und meine Jahre in Seufzen
> Mir ist in der Drangsal
> die Kraft geschwunden,
> zerfallen ist mein Gebein ...
> *Psalm 30*

Der Psalm findet die Worte, um das zu sagen, und zugleich spendet er Hoffnung:

> Der Herr hat mein Flehen gehört,
> der Herr hat mein Beten angenommen ...
>
> *Psalm 6*

An anderen Tagen war er gut gelaunt:

Die Erde hat ihre Frucht gebracht,
Gott, unser Gott, Er hat uns gesegnet.

Psalm 66

Oder der Schöpfungshymnus, voll Bewunderung für diese Erde:

Du hast den Himmel gespannt wie ein Zelt,
über den Wassern Dir Deinen Saal erbaut.
Du nimmst Dir die Wolke zum Wogen,
auf Flügeln des Sturms fährst Du dahin.
Die Winde machst Du zu Deinem Boten,
zu Deinem Diener das lodernde Feuer ...

Du schufst den Mond, den Zeiten Gesetz zu geben;
die Sonne weiß, wann sie untergeht.
Gebietest Du Finsternis und es wird Nacht,
dann schweifen in ihr die Tiere
des Waldes ...

Erhebt sich die Sonne,
so schleichen sie heim
und legen sich nieder auf ihrem Lager.
Nun geht der Mensch an sein Tagewerk,
an seine Arbeit bis zum Abend ...

Psalm 103

Rul beeindruckt es, dass Menschen diese Gebete schon sprachen und sangen, bevor all das da war, was wir als abendländische Kultur ansprechen. Er fühlt sich als winziges Glied einer riesigen Geschichte der Menschheit, deren Grundprobleme die gleichen geblieben sind, trotz aller Veränderungen außen herum.

Das Geheimnis:

> Was ist der Mensch,
> dass Du seiner gedenkst,
> des Menschen Sohn, dass Dir an ihm liegt?
>
> Und doch hast Du ihn nur um ein Geringes
> unter die Engel gestellt,
> mit Ehr ihn gekrönt und mit Herrlichkeit;
> Du hast ihm Macht über das Werk
> Deiner Hände gegeben,
> alles zu seinen Füßen gelegt ...
>
> *Psalm 8*

Ja, was ist der Mensch ...

Zeit

Soeben kam Rul aus der Sakristei des Klosters zurück. Pater Remigius hatte ihm wunderschön geschriebene Evangeliare gezeigt. Eines war besonders beeindruckend, mit Elfenbeinschnitzereien, großen Lapislazuli und Bergkristallinseln auf dem Einband. Man spürte, unabhängig vom Inhalt, die Hingabe der Künstlerhandwerker. So arbeitet man nicht für nur reiche Auftraggeber.

Irgendwie schien die Zeit stillzustehen. Vor diesen Evangeliaren bekommt man Zeit geschenkt. Der Tag bekommt andere Akzente.

»Festina lente«, hieß es in der Antike, »eile langsam«. Rul wurde es schwindelig, wenn er überlegte, wie weit man und er davon weg waren.

Es gibt keine Geschwindigkeitsbegrenzungen. Im Gegenteil: Schnelligkeit, Geschwindigkeit wurde zur Tugend - bis hin zur tragischen Lächerlichkeit. Nur mit Verständnislosigkeit konnte er reagieren, wenn er in den Sportnachrichten hörte, »den vierten Platz errang XY, mit einem Abstand von vier 100stel-Sekunden«. XY ist damit abgeschlagen, abgeschrieben, vergessen.

Rul suchte in Bibliotheken und Buchläden nach Veröffentlichungen über die Zeit. Neben bekannten philosophischen Betrachtungen und Abhandlungen über die Geschichte der Zeit fanden sich vor allem Bücher über Time-Managing.

Wie kann ich meine Zeit besser einteilen, um zielstrebiger und erfolgreicher arbeiten zu können?

Kann das ein Ziel sein, eine Logistik, die mich noch reibungsfreier auf die Maschine spannt, mich noch besser funktionieren lässt?

Rul meinte immer noch, Zeit sei Leben. Er wurde belehrt. Zeit ist Geld. Man kann Zeit verlieren, vergeuden, totschlagen, jemandem Zeit stehlen.

Rul liebte mehr die Begriffe wie Zeit finden, Zeit schenken und widmen, sich Zeit gönnen, sich Zeit lassen.

Es ist natürlich erschreckend und beunruhigend zu sehen, wie die Zeit verrinnt, verstreicht. Ehe man sich versieht, ist wieder ein Jahr vergangen. Dabei meint man, die Zeit verginge immer schneller.

Das Sonderbare für Rul war, dass die Zeit immer dann langsamer verging, wenn er sie scheinbar vergeudete. Wenn er viel erlebte, wenn er Urlaub hatte, sich die Zeit nahm, Dinge genau zu betrachten, zu hören, zu schmecken, zu riechen, zu fühlen, einfach, wenn er seine Sinne benutzte, schien sich die Zeit zu verdoppeln. Sie wurde intensiver und irgendwie länger. Man musste wohl gegensteuern.

Rul erinnerte sich an einen Studenten, der eines Tages aus dem Sekundentakt ausstieg. Er hatte eine digitale Armbanduhr. Er baute die »Innereien« aus und hatte so eine Art kleinen Bilderrahmen gewonnen. Er benutzte nur mehr vier verschiedene »Displays«: Frühling, Sommer, Herbst, Winter. Er fühle sich seither wohler und käme doch zurecht, meinte er.

Rul hatte Sten Nadolnys Roman »Die Entdeckung der Langsamkeit« sehr zu denken gegeben. John Franklin war die Symbolfigur der Verlangsamung. Ein hoffnungsvolles Signal für die Tatsache, dass die Schildkröte letztendlich das Rennen gewinnt.

Die Bremsen müsste man anziehen. Das rasende Fahrzeug zum Stehen bringen und Blumen pflücken. – Alles spricht dagegen.

Rul wusste, dass viel Kraft nötig wäre, gegenzusteuern. Er lernte das Kapitel XXIII des »Kleinen Prinzen« auswendig:

»Guten Tag«, sagte der kleine Prinz.

»Guten Tag«, sagte der Händler.

Er handelte mit höchst wirksamen, durststillenden Pillen. Man schluckt jede Woche eine und spürt überhaupt kein Bedürfnis mehr, zu trinken.

»Warum verkaufst Du das?«, sagte der kleine Prinz.

»Das ist eine große Zeitersparnis«, sagte der Händler. »Die Sachverständigen haben Berechnungen angestellt. Man erspart dreiundfünfzig Minuten in der Woche.«

»Und was macht man mit den dreiundfünfzig Minuten?«

»Man macht damit, was man will ...«

»Wenn ich dreiundfünfzig Minuten übrig hätte«, sagte der kleine Prinz, »würde ich ganz gemütlich zu einem Brunnen laufen ...«

Licht

Gebannt und ein wenig verzweifelt beobachtete Rul in der Südsee, wie innerhalb von knapp zwei Minuten das Licht verfiel und der Nacht wich. Jeden Abend war es dasselbe Schauspiel, und jeden Morgen verdrängte das Licht die Nacht. Es war atemberaubend.

Rul fand, es war auch traurig. Ihm fehlte die Dämmerung. Er saß so gerne einfach da, wenn das Licht schwächer wurde, die Schatten verschwanden und die Gegenstände ein geheimnisvolles Eigenleben bekamen. Nur gegen den Himmel hoben sie sich anfänglich noch ab wie Scherenschnitte. Auch dieser Kontrast wurde geringer, bis er sich in der Dunkelheit verlor. Es war ein wundersames, beruhigendes Lichttheater.

Auch nachts waren die Dinge wie verwandelt. In gleißendem Mondlicht und den abgrundtiefen Schatten war es schwer, Entfernungen zu schätzen oder auf Unebenheiten zu achten. Rul erinnerte sich an böse Stürze bei nächtlichen Skiabfahrten. Manche Gräben verschluckte der Schatten einfach. Diese dann wiederum den Skifahrer.

Warten auf Licht. Ein uraltes Thema der Menschen. Unvergesslich die nächtlichen Bergtouren, um rechtzeitig zum Sonnenaufgang auf dem Gipfel zu sein. Fröstelnd wartete man auf den schmalen hellen Rand, der die Sonne ankündigte. Dann schob sich eine halbkreisförmige Aura nach oben, bis schließlich, Stufe für Stufe, die Sonne selbst erschien, blass zunächst, dann rötlich, dunkelrot, orange, bis sie schließlich zum wärmenden Feuerball wurde.

Rul war seit langen Jahren süchtig nach Licht. Er genoss den veränderten Raum im Gegenlicht oder mit dem Licht im Rücken. Er konnte ganz kribbelig werden, wenn an manchen Tagen das Licht scharf wie ein Messer die Gegenstände anschnitt und tiefe Schattenzonen nach sich zog. Oder ein anderes Mal wurde das Licht grau. Jede Farbe neutralisierte sich, wurde verwandter zur nächsten, verschwisterte sich. Dann zeigte sich das Licht wieder milchig. Als wenn leichte Asche gefallen war oder der Maler mit viel Deckweiß gearbeitet hatte.

Unvergleichlich das Licht vor einem Gewitter, bei Föhn, im November.

Nur scheinbar blieb unsere sichtbare Welt die gleiche. Es war ein ständiges Theater, ein Festival der Beleuchter und Rul in der Königsloge mittendrin.

Heute Nachmittag ist Rul mit seinem Freund Pater Walter spazieren gegangen. Es war ein später Märztag mit Aprilwetter wie im Bilderbuch. Als sie aufbrachen, schien die Sonne zaghaft, ohne Wärme. Gleichwohl tauchte sie die lang geschwungene Landschaft, die blattlosen Büsche, den Hartriegelbaum mit den grünlichen Ästen in ein pastellig, zartgraues warmes Licht. Kurze Zeit darauf begann ein starker Schneesturm. Wie die Schneemänner kämpften sie sich durch das Gelände, das plötzlich weiß wurde mit leichten Farbakzenten. Das Licht war nur noch indirekt da. Es gab keinerlei Schatten, obwohl es hell war. Die beiden durchquerten einen Wald. Es wurde fahl und finster. Unheimlich sah es aus. Eine Weltuntergangsstimmung. Es war fast dunkel geworden. Und dann schien die Sonne wieder strahlend hell. Der Hartriegelbaum stand da, wie mit einem Scheinwerfer angestrahlt. Rul und Pater Walter waren durch ein Lichtdrama gewandert.

So abwechslungsreich ist es nicht immer. Das Licht ändert sich aber täglich, von morgens bis abends, bei jedem Wetter, jeder Jahreszeit. Jeder ist immer mittendrin. Er muss es nur wahrnehmen.

Für Rul ist das Licht ein aufregendes Abenteuer geworden. Mitten in der Arbeit kann er den Stift weglegen und nur ruhig zum Fenster hinausschauen. Es kann aber auch vorkommen, dass er auf den langen Gang der Hochschule hinausrennt, wenn die Beleuchtung wieder einmal besonders ungewöhnlich ist.

Rul kann Monet so gut verstehen mit seinen über 50 Heuhaufenbildern und seinen über 30 Fassadenbildern der Kirche von Rouen, immer in anderer Beleuchtung, immer in neuem Licht.

Man sagt ja, der Maler habe beim Abendessen einmal den Löffel hingeworfen, ein bestimmtes Bild herausgezogen und weitergemalt, weil das Licht wieder stimmte.

Der Tod

Heute Nacht ist Bruder Witgar gestorben. In der Morgenhore haben die Mönche für ihn gebetet. Dann zogen sie in das Sterbezimmer. »Er verlässt das Haus, in dem er auf Erden gewohnt hat. Nimm ihn auf in die himmlischen Wohnungen ...« Dann trugen sie den Sarg durchs Haus in die Totenkammer unter der Kirche und sangen die Litanei »... Herr, erbarme Dich ...« und »... Herr und Gott, befreie uns

von allem Bösen
von aller Sünde
von Hass und Feindschaft
von der Angst vor dem Tod
von der Angst vor dem Leben.«
»Herr, gib ihm die ewige Ruhe!
Und das ewige Licht leuchte ihm!
Lass ihn ruhen in Frieden.
Amen.«

Alles war so selbstverständlich und für Rul beruhigend. Einer war vorangegangen. Man spürte Trauer, aber vor allem Zuversicht.

Rul war klar, dass die Alltagshektik, die Hysterie, dieses vor sich Theaterspielen und Davonlaufen seine Wurzel in der Angst vor dem Tode hat. Ein Ausweichen vor dem Unvermeidlichen, ein Verdrängen.

Herrigel schreibt im letzten Kapitel seines »Zen in der Kunst des Bogenschießens«:

»In jahrelangem unausgesetzen Meditieren hat er (der Schwertmeister) erfahren, daß Leben und Tod im Grunde ein und dasselbe sind und derselben Schicksalsebene angehören. So weiß er nicht mehr, was Angst des Lebens und Furcht des Todes ist. Er lebt ... gern in der Welt, ist aber jederzeit dazu bereit, aus ihr zu scheiden, ohne sich durch den Gedanken an den Tod beirren zu lassen. Es ist nicht von ungefähr, daß die Gesinnung der Samurai als lauterstes Symbol die zarte Kirschblüte gewählt hat. Wie sich ein Kirschblütenblatt im Strahl der Morgenröte löst und heiter schimmernd zur Erde gleitet, so muß sich der Furchtlose vom Dasein lösen können, lautlos und innerlich unbewegt.«

Rul ist zutiefst überzeugt, dass die Frage der »Pause« und im Besonderen der »schöpferischen Pause« mit der Frage seines Verhältnisses zum Tode zusammenhängt. Nur wenn er frei von Angst war, konnte er verweilen, bleiben, sich entspannen, erholen und sich zu neuen Ideen inspirieren lassen.

Dank

Herzlich danken möchte ich den vielen Leserinnen und Lesern, die mir in ihren Briefen aus ihrem Leben erzählten und die mir Mut machten, weiterzugehen und nicht aufzugeben. Ich wünsche das auch ihnen.

Natürlich gilt der Dank meinen Mönchsfreunden von St. Ottilien, vor allem Pater Walter und dem Prior, Pater Claudius. Bei ihnen und in ihrem stillen, besinnlichen und gastlichen Hause fühle ich mich schon etwas zu Hause.

Elke Neumann möchte ich für die vielfältige Unterstützung und für die Schreibarbeiten danken, die sie mit Geduld und Humor erledigte. Sie weist mich immer noch mit Nachsicht auf die Kapitel hin, deren Inhalt ich gerade wieder vernachlässige.

Nicht zuletzt möchte ich meiner Familie danken. Immerhin erlebt sie ja meine »Umwege« mit. Ich werde versuchen, ihren Rat und den des Arztes, der im Vorwort erwähnt wurde, zu befolgen.